나는 대한민국 파수꾼입니다

나는 ☯ 대한민국 파수꾼입니다

조국 독립에 평생을 바친
16인의 대한민국 임시정부 요인들

은동진 지음

초록비책공방

우리는 초·중·고등학교를 거치면서 12년 동안 교과서를 통해 조국의 독립을 위해 목숨 걸고 싸우며 오로지 나라를 되찾겠다는 굳은 일념으로 지낸 독립운동가를 만나왔습니다. 하지만 우리의 기억 속에 남아있는 독립운동가는 시험에 나오는 안중근, 김구, 윤봉길, 이봉창 등 소수에 불과합니다. 지금 우리가 살고 있는 대한민국은 이름도 없이 사라진 수많은 독립 영웅의 피와 땀과 눈물이 있었기에 가능했다는 점을 알려주고 싶었습니다.

이 책은 대한민국 임시정부 27년간의 발자취를 따라가면서 교과서에서 만날 수 없었던 임시정부 요인 16인의 생애를 조명했습니다. 수천, 수만 명의 독립운동가 중에서 16인을 선별하는 것은 결코 쉬운 일이 아니었습니다.

이 책은 일제 강점기 대한민국 임시정부에서 활약한 16인의 삶과 인생을 오늘날의 시각으로 생생하게 복원한 결과물입니다. 그 숨 가쁜 현장을 사진, 그림, 지도, 연표, 사료 등 다양한 자료와 함께 생생하게 보여주고자 했습니다. 학창 시절 교과서에서 만나지 못해 조금은 거리가 멀게 느껴질 수 있는 인물들의 생애를 좀 더 친근하게 다가갈 수 있도록 구성했습니다.

저는 역사학자가 아닙니다. 일반적으로 알려져 있는 정설들을 재미있게 풀어서 전달해주는 역사 강사입니다. 제 역할은 학문과 대중을 연결해 경직되고 딱딱한 학문을 누구라도 쉽게 접근할 수 있도록 말랑말랑하게 만들어 전해주는 것이라고 생각합니다. 이제 대한민국 임시정부 요인들을 통해 그 역할을 하고자 합니다.

많이 미흡하지만 출판의 기회를 주신 초록비책공방에 감사드립니다. 제가 어떤 상황에 처해도 무한한 신뢰를 보내주시는 가족에게 사랑한다는 말을 전합니다. 끝으로 대한민국 임시정부를 이끌다 순국하신 수많은 애국선열의 영전에 이 책을 삼가 바칩니다.

은동진

차 례

3부 한인애국단, 임시정부에 활력을 불어넣다

4부 한국광복군, 조국 독립의 마지막을 불태우다

1부

임시정부의
기반을
마련하다

김가진   신규식   이종욱   이동녕

총칼로 다스려진 우리 민족

일제의 침략을 받은 대한제국은 1910년 8월 29일 한일합병조약에 의해 국권을 상실했습니다. 일본의 식민 통치는 1910년대 무단통치, 1920년대 문화통치, 1930~1940년대 민족말살통치로 나눌 수 있습니다.

여기서는 1910년부터 1919년까지 이루어졌던 무단통치 시기를 살펴보겠습니다. 일제는 주요 지역에 군대를 주둔시키고 전국에 헌병 경찰을 배치했습니다. 헌병 경찰은 치안은 물론 산림 감시, 일본어 보급, 세금 징수 등 일반 행정 업무까지 관여했습니다. 이들은 정식 법 절차나 재판을 거치지 않고도 구류, 태형 등을 즉결 처분할 수 있었습니다.

조선총독부는 일반 행정 관리뿐 아니라 교원까지도 제복을 입고 칼을 차게 하는 등 공포심과 위압감을 조성했습니다. 언론, 출판, 집회, 결사의 자유를 빼앗고 조선인이 발행하는 신문도 모두 폐간했습니다. 또한 일제에 대항하는 독립운동가들을 감옥에 가두거나 살해하는 일도 서슴지 않았습니다.

1910년대 '식민통치 1기'라고도 불리는 무단통치의 본질을 잘 알아야 합니다. 일본의 무단통치는 그 어떠한 나라에서도 볼 수 없는 폭압 정치로 한반도 전체를 공포 분위기로 만들어 우리 민족의 저항 의지를 꺾고자 한 것입니다.

독립을 향한 외침 3.1운동

대한제국을 강제 합병시켜 식민지로 만든 일제는 가혹한 무단통치로 우리 민족을 지배했습니다. 이러한 상황에서도 우리 민족은 독립에 대한 희망을 포기하지 않았습니다. 그 희망의 불씨가 바로 3.1운동입니다.

1917년 러시아혁명 후 레닌은 식민지 피압박 민족의 해방운동을 지원하겠다고 선언했고, 미국의 윌슨 대통령은 민족자결주의를 주창했습니다. 이러한 분위기에 힘입어 1919년 1월 신한청년당은 '독립청원서'를 작성한 후 김규식을 파리강화회의에 파견해 독립의 정당성을 알리고자 했습니다. 만주에서 활동 중인 민족 지도자 39인도 독립 전쟁을 촉구하는 '대한독립선언서'를 발표했습니다. 이어 일본 도쿄에서는 유학생들이 일본과 국제 사회에 한국의 독립을 선언하는 '2.8독립선언'을 발표했습니다.

1919년 1월 21일 대한제국 황제 고종이 사망하자 독살되었다는 소문이 퍼지면서 우리 민족의 분노가 커졌습니다. 이에 독자적으로 독립운동을 준비하고 있던 천도교계, 기독교계, 학생들이 손을 잡았고 불교계도 가세했습니다. 이들은 고종의 장례식을 이용해 서울 탑골공원에서 대규모 시위를 여는 동시에 전국 주요 도시에서도 만세운동을 벌이기로 합니다.

1919년 3월 1일 손병희, 이승훈, 한용운 등 민족 대표 33인은 태화관에서 독립선언식을 했습니다. 탑골공원에 모여있던 학생과 시민들은 따로 독립선언서를 발표한 후 거리로 나가 '대한 독립 만세!'를 외쳤고 이렇게 시작된 만세 시위는 순식간에 전국 주요 도시로 확산되었습니다.

3.1운동은 국외로도 퍼져나갔습니다. 만주, 연해주(블라디보스토크) 등을 비롯해 일본 도쿄와 오사카 등에 살던 동포들은 독립선언을 하고 시위에 나섰습니다. 하와이, 미국, 멕시코 등 미주 지역 교민들은 필라델피아에 모여 독립선언식을 거행하고 시가행진을 벌였습니다.

비록 일본의 무자비한 탄압을 받아 실패로 끝났지만 3.1운동으로 우리 민족은 독립에 대한 열망과 투쟁 의지를 전 세계에 선포할 수 있었습니다.

3.1운동은 대한민국 임시정부 수립의 토대가 되었습니다. 3.1운동이 전개되면서 통일적 지도부가 필요하다는 문제의식이 제기되었고 이에 국가의 주권이 국민에게 있고 국민이 선출한 대표자들이 법에 따라 나라를 다스리는 공화주의에 바탕을 둔 대한민국 임시정부가 탄생했습니다.

대한민국 임시정부 수립

3.1운동 이후 여러 지역에 임시정부가 수립되었습니다. 그중 영향력이

가장 큰 조직은 연해주의 대한국민의회, 상하이의 대한민국 임시정부, 서울의 한성정부였습니다.

임시정부가 여러 곳에서 조직되자 이들을 통합해야 한다는 공감대가 형성되었습니다. 문제는 임시정부의 위치를 어디에 둘 것인가를 결정하는 것이었습니다. 대한국민의회는 한인이 많이 살고 독립 전쟁에 유리한 간도나 연해주에, 상하이의 대한민국 임시정부는 서양 열강의 조계 지역이 많아 외교 활동에 유리한 상하이에 임시정부를 두자고 주장했습니다. 이는 통합될 임시정부가 독립 전쟁에 나설 것인가 아니면 외교 활동에 집중할 것인가 하는 독립운동의 방향과도 직결된 문제였습니다.

1919년 7월 민족 지도자들은 국내에서 수립된 한성정부를 계승하고 상하이에 통합 정부를 수립하기로 합의했습니다. 1919년 9월 삼권 분립과 공화제에 입각한 헌법을 공포했고, 11월에는 초대 대통령 이승만, 국무총리 이동휘로 하는 대한민국 임시정부를 출범시켰습니다. 우리나라 역사상 최초로 삼권 분립에 기초한 민주 공화제를 채택한 대한민국 임시정부가 수립된 것입니다.

이로써 황제의 나라였던 대한제국에서 국민의 나라인 대한민국으로 그 첫걸음을 내딛게 되었습니다.

버림받은 애국자

〈인생은 육십부터〉라는 노래가 있습니다. 백세시대를 맞이해 많은 사람이 60세 이후의 삶을 새로운 시작이라고 생각합니다. 여러분의 70대는 어떤 모습일까요? 저는 70대가 되어도 강연을 통해 많은 분께 역사의 즐거움을 알려주고 있을 것 같습니다.

대한민국 임시정부에는 두 명의 국로(國老)가 있었습니다. 박은식(1859년생)과 김가진입니다. 김가진은 이승만(1875년생), 이동휘(1873년생), 안창호(1878년생), 김구(1876년생) 등 아들뻘 같은 이들과 함께 독립운동을 했습니다.

지금부터 일흔이 넘는 나이에 혈기왕성한 청년도 쉽지 않은 독립운동에 뛰어든 동농 김가진을 만나보겠습니다.

고종의 최측근, 조선 개항의 일선에 서다

1846년 1월, 김가진은 서울 북부 순화방 신교동(현 종로구 사직동)에서 당시 조선을 좌지우지했던 권문세가 안동 김씨 집안에서 태어났습니다. 서얼이라는 신분 제한 때문에 과거를 치를 수 없는 처지에 분개해 1877년 서얼 차별을 호소하는 상소문을 올리기도 했습니다. 각고의 노력 끝에 그는 서른두 살에 서얼에게 허용된 관직인 규장각 검서관에 발탁되어 서른네 살에는 규장각 참서관이 되었습니다. 그리고 1880년 통정대부 사헌부 감찰, 1881년 장예원 주부가 되어 본격적으로 관직 생활을 했습니다.

그의 삶을 들여다보면 조선의 개항기부터 일제 강점기까지 파란만장했던 조선의 상황을 살펴볼 수 있습니다.

1880년대 조선은 고종의 주도하에 본격적으로 개화 정책을 추진했지만 유생, 구식 군인, 하층민 사이에서 개화 정책을 반대하는 움직임이 나타났습니다. 개화 정책으로 정부 재정 지출이 늘어나면서 세금 부담이 증가했고 개항 이후 쌀, 콩 등의 곡물이 일본으로 유출되어 곡물 가격이 크게 올랐기 때문입니다.

이런 상황에서 김가진은 어떤 생각을 했을까요? 당시 대다수의 선비처럼 서양과 일본은 조선을 더럽히는 금수와도 같은 존재로 인식하는 전형적인 위정척사파 중 한 명이었습니다.

그런데 김가진은 불과 1~2년 사이 어떤 계기인지는 모르겠지만 개화사상에 심취해 개화파가 되었습니다. 위정척사파에서 개화파

∘ 1880년대 인천 개항장의 모습

로 전환한 거의 유일한 인물입니다.

당시 구식 군인들은 신식 군대인 별기군에 비해 대우가 매우 열악했습니다. 심지어 집권층의 부패로 월급이 차일피일 미루어졌고, 13개월 만에 월급 대신 받은 쌀에 겨와 모래가 섞여있었습니다. 이에 불만이 폭발한 구식 군인들은 1882년 6월 9일 임오군란을 일으켰습니다. 이 사건은 고종의 요청으로 청나라의 군대가 파견되면서 수습되었고, 일본은 공사관이 습격받은 일에 대해 책임을 추궁하며 제물포조약을 체결하고 배상금 지급과 공사관 경비 병력의 주둔을 허용받았습니다.

김가진은 제물포조약의 후속 조치를 처리하기 위해 1883년 인천 개항장의 통상사무아문 주사로 임명되었습니다. 당시 김가진보다 외교 통상 업무에 적합한 인물을 찾기는 어려웠을 것입니다. 그는 상상을 초월할 정도의 언어 능력을 가지고 있었기 때문이지요. 김가진은 매우 짧은 시간에 일본어를 완벽하게 숙달했고, 중국어에도 아주 능통했다고 합니다. 영어 또한 공부를 시작한 지 며칠 되지도 않았는데 영국인과 어느 정도 의사소통을 할 수 있을 정도였다고* 하니 조선 시대 언어 천재였던 듯합니다.

1884년 김옥균을 비롯한 급진 개화파들이 갑신정변을 일으켰습니다. 이들은 개화사상을 바탕으로 조선의 자주 독립과 근대화를 위해 국가 전반의 개혁 정책을 담고 있는 14개조 정강을 공포했습니다. 이 정강에는 청의 간섭 배제, 문벌 폐지, 인민 평등의 권리 등의 내용이 담겨있었습니다. 그러나 급진 개화파가 추진한 개혁 정책은 실행에 옮겨지기도 전에 집권 세력의 반격과 청 군대의 개입으로 불과 3일 만에 끝이 나고 말았습니다.

당시 인천에서 개항 사무를 맡고 있던 김가진은 갑신정변에 참여하지는 않았지만 그 주역들과의 관계가 친밀했습니다. 김옥균과는 같은 안동 김씨로 교분이 두터웠으며, 박영효와도 깊은 우정을 나누었습니다. 그래서인지 김가진은 갑신정변이 실패로 끝난 지 10년 후에 급진 개화파가 주장했던 개혁안을 반영해 1차 갑오개혁을 추진합니다.

어느 직장에 가든 주목받는 직원이 있습니다. 능력이 뛰어나거나 친화력이 좋아서 혹은 연줄이 든든해서 등의 이유로 말이죠. 그

---

* 《고요한 아침의 나라 조선》, 새비지 랜도어, 1895.

중에서 임원이나 CEO급의 총애를 유난히 듬뿍 받는 직원도 있을 것입니다. 이런 애정이 독이 될지 사탕이 될지는 시간이 알려주겠지만 지금 당장 그 직원은 처신하기가 꽤 난감할 것입니다.

갑신정변 이후 김가진은 고종의 신임과 총애를 받기 시작했습니다. 안동 김씨라는 뛰어난 집안 배경이 있었지만 서얼 출신이라는 것을 떠올리면 어떻게 처신했기에 고종의 사랑을 받게 되었는지 궁금합니다. 1895년《고요한 아침의 나라 조선Corea or Cho-sen: The Land of the Morning Calm》이라는 견문기를 남긴 새비지 랜도어는 그를 이렇게 평가했습니다.

"김가진은 박학다식하고 재기가 출중하며 내가 만난 수많은 훌륭한 외교관 중에서도 가장 뛰어난 외교관이었다. 질문에 대답하면서 그보다 더 예리하고 철저하게 준비해 대응하는 사람을 본 적이 없다."

이방인의 눈에도 그의 능력이 특출하게 보일 정도였으니 고종이 모를 리 없었을 것입니다. 고종은 김가진의 재능을 높이 평가해 특별 대우했고, 주야로 세 번이나 불러 개화 정책을 논의했다고 합니다. 김가진은 고종에게 전보총사* 설치를 건의해 받아들여지자 직접 전보와 우정 업무의 총괄을 맡기도 했습니다.

왕의 총애를 받는 신하 곁에는 시기와 모함을 일삼는 이들이 항상 있습니다. 역시나 많은 신하가 김가진과 고종 사이의 갈등을 유

---

*　서울에서 전신 사무를 맡아보던 관청

발하고 조장했습니다.

칼날 위의 삶을 살고 있음을 정확히 알고 있던 김가진이 항상 입버릇처럼 하던 말이 있습니다.

"아직도 내 머리가 어깨 위에 붙어있다니 매우 경이로운 일이요."

1894년 동학 농민군이 봉기하자 청과 일본은 자국민과 공사관을 보호한다는 구실로 조선에 각각 군대를 파병했습니다. 동학 농민군의 지도자 전봉준은 외세 개입으로 뜻밖의 상황이 조성되자 정부군과 전주에서 화약(和約)을 맺었습니다.

출병 원인이 사라졌는데도 일본은 군대를 철수하기는커녕 총칼을 앞세워 경복궁을 점령했습니다. 당시 김가진이 쏟아지는 총알을 뚫고 궁궐로 들어갔더니 텅 빈 궁궐 안에 도망갈 때 벗어놓은 문무백관의 관복이 즐비했고 내시 한 명만이 고종과 왕세자를 모시고 있었다고 합니다.

김가진은 이 사태를 어떻게 수습했을까요?

그는 일본 장교와 담판하는 동시에 항의해 일본 병사들을 경복궁에서 물러나게 한 후 문무백관을 소집했습니다. 그리고 고종에게 내정 개혁의 실시를 수습책으로 건의했습니다. 일본군에게 먼저 철수할 것을 요구하고 독자적인 개혁을 추진하고자 한 것입니다. 내정 개혁은 군국기무처를 설치하고 개화 정책의 실무를 담당했던 개화파 인물들을 기용하면서 시작되었습니다. 이를 '1차 갑오개혁'이라고 합니다.

총재와 스무 명 정도의 회의원으로 구성된 군국기무처는 7월

○ 대한제국 대례복을 착용한 김가진

28일부터 약 3개월 동안 210건의 개혁 입법을 처리했습니다. 김가진은 갑오개혁의 주창자이자 회의원으로 신분제와 과거제 폐지 등 혁신적인 개혁 조치를 주도했습니다. 1차 갑오개혁으로 고대부터 내려오던 신분제가 법적으로 폐지되었습니다.

1차 갑오개혁이 끝나갈 무렵 갑신정변으로 미국에 망명했던 서재필이 귀국해 독립협회를 창립했습니다. 이때 김가진도 합류하면서 본격적으로 근대화 운동에 뛰어들었습니다. 독립협회는 외세의 침략에서 주권을 수호해 자주 독립을 이루고자 했으며 국민을 계몽하고 자유민권사상 보급에 앞장섰습니다. 하지만 왕실과의 갈등으로 1898년 강제 해산당했습니다.

1905년 을사조약을 전후해 일본의 내정 간섭이 심해지자 무장 투쟁을 벌이는 의병들과 달리 문화적 방법으로 실력을 양성해 국권을 되찾으려는 사람들이 나타났습니다. 이들은 학교를 세워 인재를 육성하고 신문, 잡지 등 언론을 통해 국민을 계몽하며 식산흥업을 통해 경제적 실력을 양성하자는 운동을 전개했습니다. 이를 '애국계몽운동'이라고 합니다.

김가진도 애국계몽운동에 적극 참여했습니다. 독립협회 참여 인사들의 주도로 1906년 결성된 대한자강회에 참여해 교육 활동과 산업 진흥에 힘썼습니다. 대한자강회는 일본이 고종의 강제 퇴위를 추진하자 이에 반대하는 운동을 전개하다가 강제 해산당했습니다. 이후에도 김가진은 계속해서 애국계몽운동을 전개했지만 1910년 한일합병조약을 막지는 못했습니다.

대한제국이 일본 식민지로 전락하자 일본은 종3품 이상의 대한제국 관료 75명에게 남작 작위를 수여하는 조선 귀족령을 발표하고 조선 귀족들이 한일합병에 찬성했다고 선전하는 데 이용했습니다.

조선 왕조 500년 이래 처음으로 서자의 몸으로 종1품의 직위까지 올랐던 김가진, 전임 대신의 자격으로 남작 작위를 받은 그는 친일파가 되었을까요?

고령의 나이로 독립운동에 뛰어들다

김가진은 남작 직위는 받았지만 일제 밑에서 어떠한 활동도 하지 않았습니다. 외부와 접촉을 끊고 10년 가까이 은둔해있던 김가진을 다시 세상 밖으로 나오게 만든 큰 사건이 발생했습니다. 바로 고종의 승하 소식입니다.

1919년 1월 21일, 고종은 한 많은 생을 마감합니다. 전날까지도 건강 상태가 나쁘지 않았기 때문에 고종의 독살설이 파다하게 퍼졌습니다. 김가진 역시 고종이 독살당했다고 믿었습니다. 고종 독살설은 일제의 탄압 아래 신음하고 있던 조선 민중이 3.1운동에 적극 참여하게 한 중요한 계기였습니다. 3.1운동이 일어나자 일제 작위를 받은 친일파 귀족 내부에서 무언가 해야 한다는 분위기가 만들어졌습니다.

친일파 귀족 중 일부는 일제가 대한제국보다 더 나은 정치를 펼칠 것이라고 생각했습니다. 그러나 일제의 강압적인 무단통치에 반발해 3.1운동이 일어나고 임시정부까지 수립되자 큰 충격에 빠졌습니다. 당시 대표적인 친일파였던 전협, 최익환 등은 조선민족대동단을 조직해 독립운동에 나서기도 했습니다.

3.1운동 이후 국내에 설립된 항일 지하 조직 중 최대 규모였던 조선민족대동단은 나라에 대한 애정은 물론 학문과 덕망이 높고 지명도까지 있는 김가진을 총재로 모시고자 했습니다. 이에 김가진은 고령의 나이와 일제에게서 받은 귀족 작위를 핑계로 총재직을 거절했지만 전협의 끈질긴 설득으로 결국 총재직을 승낙했습니다. 김가진의 합류로 조선민족대동단에는 관료, 유림, 학생, 의병, 승려, 여성, 보부상 등 각계각층의 수만 명이 참여했고 전국적인 조직망이 갖추어지기 시작했습니다.

조선민족대동단 총재가 되었을 당시 김가진의 나이는 일흔네 살이었습니다. 평균 수명이 길어진 오늘날로 치면 아흔 살이 넘는 나이일 것입니다. 김가진은 조선민족대동단 총재직이 자신의 마지막 활동이 될 거라고 여기며 왕성하게 활동했습니다. 명목상의 총재에 머무르지 않고 방략, 선언서, 결의 등 각종 활동에 깊이 관여했습니다.

김가진의 주도하에 조선민족대동단은 항일 무장 투쟁을 위한

군자금을 모집하고 3.1운동의 열기
를 이어가기 위한 각종 선언문, 진
정서, 포고문 등을 배포했습니다.
상하이에 대한민국 임시정부가 수
립되자 활동을 지원하기 위해 선전
과 자금 모집도 했습니다. 또한 〈대
동신보〉를 비밀리에 제작해 조선
민중에게 독립운동에 힘쓸 것을 호
소했습니다.

° 조선민족대동단 독립선언서

　하지만 조선민족대동단의 활동
이 활발해질수록 일제의 탄압도 거세졌고 더 이상 국내 활동이 어
려워졌습니다.

상하이 망명을 시도하다

　김가진은 일본의 탄압으로 조선민족대동단의 활동이 어려워지
자 국내 본부를 상하이로 이전하기로 결정했습니다. 단순한 해외
망명이 아니라 핵심 간부들을 해외로 분파해 국내 간부들과 호응
해 3.1운동에 이은 제2의 독립선언과 만세 시위를 대대적으로 전
개하고자 한 것입니다.

　김가진은 상하이 망명을 위해 임시정부 비밀 행정 조직인 연통

제의 책임자이자 임시정부 내무총장인 안창호와 접촉했습니다. 김가진의 망명 의사를 접한 임시정부는 적극 반겼습니다. 농상공부 대신이자 중추원 의장이었던 김가진을 임시정부에 참여시킴으로써 임시정부의 위상과 관심을 높이고자 했습니다. 안창호는 곧바로 특파원으로 보내 환영의 뜻을 전했습니다.

김가진의 상하이 망명은 임시정부 특파원 이종욱이 주도했습니다. 본래 승려였던 이종욱은 자신을 위장하는 데는 어려움이 없었지만 지명도 높은 김가진을 탈출시키기 위해서는 모험과 지략이 필요했습니다. 이종욱은 김가진을 허름한 촌부로 변장시키고 장남인 김의한과 함께 무사히 망명할 수 있도록 도왔습니다. 김가진은 상하이로 떠나는 심경을 노래로 남겼습니다.

나라도 임금도 망하고 사직은 기울어졌는데
부끄러움을 안고 여태 살았구나
늙은 이 몸이지만 아직도 하늘을 뚫을 뜻이 남아
단숨에 높이 날아 만 리 길을 가노라

1919년 10월 10일 김가진 일행은 임시정부의 교통국 이륭양행을 경영하던 조지 쇼의 도움을 받아 만주 안동(단둥)에서 배를 타고 상하이 임시정부에 무사히 도착했습니다.

1919년 10월 29일 조선민족대동단 총재 김가진이 임시정부에 도착하자 김구를 비롯한 임시정부의 모든 요인이 큰절로 예를 표

하며 맞이했다고 합니다. 그는 대
한제국의 대신으로는 유일하게 상
하이로 망명해 임시정부의 일원으
로 독립운동에 나선 것입니다. 김
가진의 임시정부 합류 소식은 〈차
이나프레스〉, 〈신문보〉, 〈신보〉, 〈시
보〉, 〈대륙보〉 등 국내외 언론에서
대대적으로 다루었고 뒤늦게 이 사
실을 알게 된 일본은 몹시 당황했
습니다.

∘ 상하이 망명 시절의 김가진
(출처 : 서울역사박물관)

　임시정부에 합류한 김가진은 대담한 항일 프로젝트를 준비했습
니다. 임시정부에 큰 힘을 실어줄 또 다른 인사의 망명을 추진한 것
입니다. 바로 고종의 다섯째 아들이자 순종의 아우인 의친왕 이강
의 망명이었습니다. 김가진은 황위 계승 서열에서 순종 다음인 이
강이 임시정부에서 활동한다면 일본은 큰 충격을 받을 것이고, 임
시정부의 정통성 확보에도 크게 기여할 수 있다고 판단했습니다.
또한 그는 의친왕 이강과 김가진 등의 이름으로 제2차 독립선언서
를 발표하면 국내외 관심을 고조할 수 있다고 보았습니다.

　김가진은 비밀리에 의친왕에게 편지를 보냈습니다.

　　제가 지금 상하이로 갈 계획인데 전하도 저를 따라오시기를

　　小人今往上海計, 殿下從此枉駕(소인금왕상해계, 전하종차왕가)

° 의친왕의 상하이 망명 경로

김가진의 편지를 받은 의친왕은 망명을 결심하고 임시정부에
친서를 보냈습니다.

나는 독립되는 나라의 평민이 될지라도 합병한 일본의 황족이 되
는 것을 원하지 않는다.

의친왕의 결심을 확인한 임시정부는 망명 계획을 수립했습니
다. 이종욱은 조선민족대동단장 전협에게 도움을 청하고 지원을
약속받았습니다.

1919년 11월 10일에 실행하고자 한 의친왕의 망명은 김가진의
상하이 망명으로 사태를 예의주시하던 일본 경찰에 의해 실패로 돌

◦ 신문에 보도된 의친왕 망명 사건   ◦ 조선민족대동단사건 공판

아갔습니다. 수많은 조선민족대동단원이 붙잡혀 실형을 선고받기도 했습니다. 하지만 이 사건이 언론에 보도되면서 대한제국 황실과 고위 관료들이 한일합병을 지지했다는 일제의 주장은 힘을 잃었습니다.

김가진의 망명과 의친왕의 망명 시도는 상하이 교민 사회를 뒤흔들었습니다. 상하이대한인거류민단은 1919년 12월 7일과 14일 그리고 20일에 시국 강연회를 개최했는데 첫 번째 강연회의 첫 연사를 김가진이 맡았습니다. 그는 연설을 통해 임시정부가 중심이 되어 독립운동을 이끌어야 하고 교육을 통해 미래 인재를 양성해야 한다고 강조했습니다.

그러면 김가진은 임시정부에서 본인이 생각한 것을 실현해나갔을까요?

임시정부의 고문이자 대통령 후보

당시 고령의 나이였던 김가진은 직접 현장에서 활동하기보다는 경험 많은 전문가로서 임시정부 경영 전반에 대해 조언해주는 고문 역할에 충실했습니다. 공식 자료에는 김가진이 임시정부의 고문으로 추대되었다는 기록은 남아있지 않습니다. 하지만 그가 고문이었다는 증언은 임시정부 청년당원으로 활동한 우승규(필명 나절로), 임시정부 특파원 신상완, 〈경성신문〉 사장 아오야기 난메이 등을 통해 확인할 수 있습니다.

임시정부에서 제일 높은 직책은 바로 대통령입니다. 김가진은 임시정부의 고문이 아닌 대통령이 될 수도 있었습니다. 당시 임시정부 초대 대통령으로 선임된 이승만은 미국에 거주하고 있었기 때문에 논란이 생겼고, 이후 상하이에 오자 더 큰 분란이 일어났습니다. 그로 인해 임시정부 내에서 대통령을 새로 뽑자는 논의가 일어났고 후보에 김가진, 박은식, 안창호 등이 추천되었습니다. 결국 대통령을 새로 뽑지 않았지만 대통령 후보에 오를 정도로 김가진의 신망이 높았다는 것을 짐작할 수 있습니다.

김가진의 영향력을 알 수 있는 또 다른 일화가 있습니다. 청산리 대첩의 영웅이라고 하면 누가 떠오르나요? 김좌진 장군과 홍범도 장군이 떠오를 것입니다. 김가진의 며느리 정정화의 수기에서 김가진과 김좌진의 일화를 찾아볼 수 있습니다.

북로군정서 총사령 김좌진은 김가진에게 만주로 와서 도움을

◦ 1922년 7월 8일 상하이 프랑스 조계에서 거행된 김가진의 장례식
(출처: 대한민국임시정부기념사업회)

달라는 편지를 보냈습니다. 이에 김가진과 김의한은 만주로 가려고 했으나 고령의 나이에 건강이 좋지 않았고 세 식구의 여비를 마련할 수 없어 만주행을 포기했다고 합니다. 최근 국가보훈처가 발굴한 북로군정서 간부 명단에 김가진은 '명예 고문'으로 되어있습니다.

만주로 갈 수 없을 만큼 건강이 좋지 않았던 김가진은 마지막으로 노인동맹단 지도자였던 이발*과 함께 일본 도쿄에서 독립을 역설하고 그곳에서 생을 마감할 계획을 세웠습니다. 그러나 마지막 불꽃을 불사르기에는 기력이 너무 쇠해 실행하지 못했습니다. 만약 일본 제국으로부터 남작 작위를 수여받은 김가진이 일본에서

---

*   독립운동가 이동휘의 아버지

조선의 독립을 역설했다면 아마 큰 파장을 일으키지 않았을까요?

김가진은 70대의 나이에 상하이로 망명해 임시정부에서 국로 대우를 받으며 고문으로 활동했습니다. 하지만 병마와 가난에 시달린 끝에 1922년 일흔일곱의 나이로 생을 마감했습니다.

임시정부는 최고 예우를 갖추어 사회장으로 엄숙하고 성대하게 장례를 치렀고, 난징(남경)의 금릉대학을 비롯한 중국 각지 30여 개 학교에서는 조문단을 보내왔습니다.

김가진은 세상을 떠났지만 아들 김의한과 며느리 정정화는 임시정부에서 계속 독립운동을 했습니다. 셋째 아들 김용한은 의열단 사건에 연루되어 고문 후유증으로 숨졌고, 손자 김석동은 한국 광복군에 가담했습니다. 김가진 집안은 3대에 걸쳐 독립운동에 투신했습니다.

대한제국의 대신이었으며 임시정부 고문으로 역임했던 김가진, 사회 지도층으로서 노블레스 오블리주를 실천한 그를 어떻게 기억해야 할까요? 저는 김가진을 우리나라 역사상 가장 멋진 노년을 보낸 독립투사라고 말하고 싶습니다.

애꾸눈의 민족 지사

이름 앞에 붙이는 호(號)를 아시나요? 호는 본 이름이나 자(字) 이외에 누구나 허물없이 부를 수 있도록 지은 것입니다. 추사 김정희, 율곡 이이, 퇴계 이황, 남명 조식 등이 우리가 잘 알고 있는 호입니다.

임시정부 요인 중에서도 유명한 호를 가진 사람이 있습니다. 바로 백범 김구입니다. '백범(白凡)'은 백정이나 범부라도 애국심이 다 자신과 같기를 바라는 마음을 담은 것이라고 합니다.

하지만 저는 임시정부 요인 중 이분보다 멋진 호를 가진 인물은 없다고 생각합니다. '나라가 망했는데 세상을 어찌 바로 볼 수 있겠느냐'며 자신의 호를 '흘겨본다'는 뜻의 '예관(睨觀)'으로 지을 정도로 호기로웠던 인물입니다. 이번에 만날 예관 신규식입니다.

세 번의 자살을 시도하다

1879년 충청북도 청원군 가덕면 인차리에서 태어난 신규식은 어려서부터 영특하고 총명해 세 살 때 글자를 깨우쳤고, 일찍부터 글재주가 뛰어나 그 일대에서 신동으로 이름을 날렸다고 합니다. 신규식의 남다른 재능은 이즈음 산동 신씨 문중의 또래인 신채호, 신백우와 더불어 '산동삼재'로 서울에까지 널리 알려질 정도였습니다.

1896년 열일곱 살이 된 신규식은 서양 신학문의 필요성을 절감해 서울로 올라왔습니다. 조선에 대한 주도권을 두고 일본과 러시아가 세력을 다투던 격변의 시기, 변화의 소용돌이 중심부인 서울에서 신규식은 가장 먼저 공부할 학교를 찾았습니다.

조선 정부는 개항 이후 서양 각국의 문물을 접하면서 무엇보다 교육의 중요성을 인식했습니다. 이에 따라 서울, 인천, 평양에 일어 학교를 비롯해 영어 학교, 프랑스어 학교, 러시아어 학교, 한어 학교, 독일어 학교 등 많은 학교를 설립했습니다. 당시 한어 학교와 일어 학교는 역관 출신의 조선인이 가르쳤고 기타 외국어 학교는 각국에서 원어민 회화 교사를 초빙해 교육했다고 합니다. 이 중 장래성이 유망한 곳은 초강대국의 언어를 배울 수 있는 영어 학교와 프랑스어 학교였습니다.

　신규식은 오늘날로 치면 장래성이나 비전이 전혀 없는 한어 학교에 입학했습니다. 한어 학교는 청일전쟁에서 청나라가 패배한 후 설립되어 처음부터 지원자가 적어 운영에 어려움을 겪고 있었습니다. 또한 기존의 한어 역관 출신이 많았기 때문에 다른 학교에 비해 출세하는 데 불리했습니다. 신규식이 왜 한어 학교를 선택했는지는 정확히 알 수 없습니다. 그저 단순하게 한문에 능숙했기 때문일 수도 있습니다. 그런데 혹시 다가올 미래에 중국에서 조국을 위해 활동할 것을 예견한 건 아니었을까요?

　신규식은 부정행위를 한 학감*의 척결을 위해 동맹 휴학을 주동한 죄로 정식 졸업은 하지 못했습니다. 하지만 한어 학교에서 배운 중국어 실력은 상당한 수준이었습니다. 중국에서 독립운동을 할 당시 중국인조차 그를 현지인으로 오인한 적이 있고, 중국의 유명한 문사 단체에서도 문재를 드날릴 정도로 중국어를 자유자재로 구사했습니다.

　그는 한어 학교에 다닐 당시 독립협회 활동에도 적극 참여했으며 나철을 비롯해 이승만, 안창호, 이승훈, 이동휘, 박은식 등과도 친교를 맺었습니다.

　스무 살 무렵 한어 학교를 그만둔 후에는 육군무관학교에 입학

＊　예전에 학교장의 지휘 아래 학무(學務) 및 학생을 감독하던 직위. 또는 그 직위에 있던 사람

했습니다. 이곳에서 전술학, 군제학, 병기학 등의 군사학과 외국어를 비롯한 다양한 신학문을 접한 그는 3년의 교육 과정을 마치고 육군 보병 참위로 임관해 시위대 제3대대에 배속되었습니다.

1905년 11월 러일전쟁에서 승리한 일본은 미국, 영국, 러시아로부터 한국에 대한 독점 지배를 인정받아 군대로 궁성을 포위하고 을사오적을 앞세워 강제로 을사조약을 체결했습니다. 을사조약으로 대한제국의 외교권을 빼앗은 후에는 한국 통감부를 설치하고 이토 히로부미를 통감에 임명했습니다.

전국에서 을사조약 반대 투쟁이 일어났습니다. 을사조약의 파기를 주장하는 상소가 계속되었으며 의병 투쟁이 본격적으로 전개되었습니다. 일본의 내정 간섭을 비판하다가 이미 대세가 기울었다는 것을 깨달은 시종무관장 민영환은 고종 황제와 동포들 앞으로 유서를 남긴 채 자결했습니다.

을사조약에 항거하는 의미로 자결한 민영환의 모습에서 깊은 감명을 받은 신규식은 자신이 할 수 있는 일을 고민했습니다. 그리고 각 지방의 군대에 연락해 동지들을 규합하고 의병을 일으켜 대일 항전을 준비했습니다. 하지만 기밀이 누설되면서 안타깝게도 뜻을 이루지 못했습니다.

얼마나 분했을까요? 아무리 고민하고 노력해도 망국으로 치닫는 나라를 구할 수 없다는 사실에 절망한 신규식은 극단적인 선택을 했습니다.

"이는 나의 책임이다. 이를 막지 못한 것도 나의 큰 책임이니 살아 무슨 면목으로 국민을 대할 수 있겠는가."

신규식은 음독자살을 시도했지만 가족들이 일찍 발견해 응급 치료를 한 덕분에 생명을 구할 수 있었습니다. 그러나 음독한 약 기운이 워낙 강했던 탓에 오른쪽 시신경에 문제가 생겨 물체를 똑바로 보지 못하고 흘겨보아야 하는 장애를 갖게 되었습니다. 이 일을 겪은 후 이름 앞에 '예관'이라는 호를 붙였습니다. 신규식의 호 '예관'에는 급격히 기우는 대한제국과 세상을 바로 볼 수 없다는 애절한 심정이 담겨있습니다.

1907년 일본은 한일신협약(정미7조약)을 강제로 체결해 내정을 완전히 장악하고 대한제국의 군대를 해산시켰습니다. 4,500여 명의 군인 해산식이 거행되었을 때 신규식은 제1연대 1대대 소속이었습니다. 제1연대 대대장 박승환은 죽음으로 군대 해산에 항거했습니다. 박승환의 자결 소식에 군인들은 동요했고 제1연대 1대대를 필두로 들고 일어나기 시작했습니다.

신규식도 부하들을 이끌고 덕수궁 대한문으로 진출했습니다. 그러나 일본군의 월등한 화력을 이길 수는 없었습니다. 일본군의 공격에 대한제국의 군인들이 몰리는 모습을 보면서 신규식은 박승환의 뒤를 따라 순국을 시도했습니다. 하지만 2차 자살 시도 또한 동지들의 만류로 뜻을 이루지 못했습니다.

을사조약 이후 항일 의병 투쟁이 전개되는 가운데 관료와 지식인들은 애국계몽운동을 주도해나갔습니다. 군복을 벗은 신규식도 이 운동에 참여했습니다. 그는 대한의 혼을 보존하는 것이 국가 회복의 지름길이며 이를 위해 스스로 힘을 키워야 한다고 주장했습니다. 그래서 공업 발전에 기여할 목적으로 황성광업주식회사 설립에 참여했고, 중동학교의 제3대 교장으로 취임해 후진 양성에도 힘을 쏟았습니다.

대한제국 말기 신규식을 비롯한 수많은 애국지사가 국권회복운동에 헌신했습니다. 하지만 일본 군대가 서울 곳곳에 배치된 삼엄한 분위기 속에서 총리대신 이완용과 통감 데라우치가 체결한 1910년의 한일합병조약은 막지 못했습니다. 오랜 기간 국권회복운동에 몸 바쳐온 서른 살의 신규식에게 국권 피탈은 온전한 정신으로는 감당할 수 없었던 것 같습니다. 그는 세 번째 자살을 시도했습니다. 하지만 때마침 찾아온 나철에 의해 구조되어 재차 새 삶을 얻었습니다.

좋은 인연이 모여 좋은 인생이 된다는 말이 있습니다. 신규식에게 좋은 인연은 나철이었습니다. 신규식과 나철의 인연은 1909년 7월경 신규식이 대종교에 입교하면서 시작되었습니다. 대종교는 나철, 오기호 등이 단군 신앙을 기반으로 창시했습니다. 일본은 민족적 색채가 강한 대종교를 탄압했고 이에 맞서 대종교 지도자들은 1914년 총본사를 만주로 옮기고 본격적으로 독립운동을 전개했습니다.

한편, 나철 덕분에 목숨을 건진 신규식은 그에게 종교적 감화를 받았고 대종교는 신규식의 사상적인 측면은 물론 일상생활에까지 큰 영향을 주었습니다. 상하이에서 활동하던 시기 그는 상하이 대종교의 중심적인 지도자로 중요한 역할을 담당했습니다.

일본의 가혹한 탄압으로 지인들이 체포되고 생명의 위협까지 느낀 신규식은 국내 활동이 사실상 불가능하다고 판단해 중국으로의 망명을 결심했습니다.

상하이에서 독립운동의 거점을 만들다

당시 애국지사들이 가장 많이 망명을 떠난 곳은 만주와 연해주였습니다. 많은 독립운동가가 이곳에서 무장 항일 투쟁과 교육 활동을 시작했고, 국권 상실 이후에는 국내의 의병 부대가 건너가 합류했습니다.

당시 만주와 연해주가 망명 1순위였던 이유는 일찍부터 이주한 한인이 많았으며 한인 사회도 형성되어 독립운동 기지를 건설하기가 쉬웠기 때문입니다. 실제로 1910년경 만주에 거주하는 한인은 무려 10만 9,000여 명에 이르렀다고 합니다. 그러나 신규식의 선택은 만주도 연해주도 아니었습니다.

그는 독립운동을 위한 환경이 전혀 갖추어지지 않은 상하이로 망명을 떠났습니다. 국권 상실 전후 중국 본토는 교통편이나 거리상의 어려움으로 정착한 한인이 매우 적었습니다. 1910년경 상하이와 베이징(북경)에는 불과 수십 명의 한인이 살고 있었을 뿐입니다.

그렇다면 왜 신규식은 독립운동 불모지인 상하이로 망명을 떠났을까요? 그는 당시 왕조 국가인 청나라에 맞서 일어나고 있는 큰 변화의 조짐에 주목했습니다. 곧 공화주의에 입각한 나라를 세우려는 혁명이 일어날 것이고 그 혁명이 성공할 것이라고 본 것입니다. 중국 혁명의 성공이 한국의 독립으로 연결될 것이라고 확신한 신규식은 한국과 중국이 힘을 합쳐 제국주의 침략에 맞설 수 있는 최적의 장소가 상하이라고 생각했습니다.

1840년 아편전쟁 이후 상하이에는 영국뿐 아니라 프랑스, 미국 등의 조계지가 개설되었습니다. 상하이에 개설된 조계지들은 중국의 주권에 속했으나 경찰력 및 행정력이 국제적으로 위임된 치외법권적* 성격을 지닌 곳이었습니다. 우리나라 독립운동가들은 상하이 내에서도 정치적 망명자에게 관대한 프랑스 조계지를 주목했고 이곳에 임시정부를 수립하면서 향후 우리나라 독립운동의 구심점 역할을 하게 됩니다.

이제 신규식이 상하이로 망명해 생을 마감하기 전까지 12여 년 동안 어떻게 한국 독립운동의 교두보를 마련했는지 살펴보겠습니다. 1911년 3~4월경 신규식은 상하이에 도착했습니다. 앞서 언급했듯 당시 상하이에 거주하는 한인은 소수였습니다. 한인만의 힘으로는 독립운동의 기반을 구축하는 것이 불가능했습니다. 신규식은 불모지와 다름없는 상하이에서 가장 먼저 무엇을 했을까요?

---

* 치외법권은 외국인이 자신이 체류하고 있는 국가의 법률과 규칙을 따르지 않아도 되는 권리를 말한다.

흔히 인맥 관리만 잘해도 사회 활동의 절반은 성공했다고 합니다. 원만한 대인 관계 그리고 인맥 관리는 성공적인 사회생활을 위한 기본이지요. 이는 시대가 바뀌어도 변하지 않는 원칙 중 하나입니다. 서로 도움을 주고받을 수 있기 때문에 성공은 사람 속에서 이루어지고 사람, 즉 인맥이 곧 재산이라는 것입니다. 아마 신규식이 오늘날 사회생활을 했더라면 황금 인맥의 소유자였을 겁니다.

° 신규식의 명함

신규식은 중국에서 혁명운동을 전개하는 중국 지사들과 유대 관계를 쌓기 위해 노력했습니다. 중국 혁명파들과 직접적인 관계를 맺었는데 그중 중국 혁명운동을 지지하는 잡지 〈민립보〉의 쉬쉬에얼과 깊은 우정을 나눴습니다. 쉬쉬에얼은 중국 동맹회의 회원으로 신규식은 그를 통해 중국의 지도자급 인물들과 친교를 나눌 기회를 얻었습니다. 이렇게 그는 중국 동맹회 회원을 비롯한 여러 혁명운동가와 친분을 쌓을 수 있었고, 중국 역사에 손꼽히는 혁명에도 직접 가담했습니다.

1910년 대한제국이 일본에게 국권 피탈을 당하던 시기, 중국 청나라 정부는 근대화를 위한 여러 개혁을 펼쳤지만 성과를 거두지 못했습니다. 그러자 쑨원을 중심으로 하는 혁명파가 중국 동맹

회를 조직해 청 왕조를 타도하고 한족 중심의 공화국을 건립하고
자 했습니다.

1911년 후베이성 우창에서 혁명파의 이념에 영향을 받은 신식
군대가 봉기를 일으키자 각 지방의 성들이 이에 호응하고 청으로
부터 독립을 선언하며 쑨원을 임시 대총통으로 하는 아시아 최초
의 공화국인 중화민국이 수립된 것입니다. 이를 '신해혁명'이라
고 합니다.

중국 혁명가 천치메이와 함께 활동했던 신규식은 한국 지사로
는 신해혁명에 가담한 최초의 인물이었습니다. 신해혁명의 성공
으로 조국 독립의 희망과 확신을 갖게 되었고 이에 자극받은 한국
독립운동가들이 하나둘씩 상하이로 모였습니다.

1912년 중화민국이 수립된 이후 신규식은 혁명 동지 천치메이
를 통해 우티에청, 쥐정 등 중국 각 지역 혁명가들과 친분을 쌓았
습니다. 특히 중국의 국부로 불리는 쑨원은 약소민족의 독립 해방
쟁취를 지지하고 격려하는 입장을 취했기 때문에 신규식은 쑨원
과 중국 혁명파에 대한 기대가 적지 않았습니다.

신규식의 인맥 쌓기는 계속되었습니다. 1913년 말부터 1914년
초에는 중국의 문학 단체인 '남사'에 가입해 중국 혁명 지사 및 문
인들과 폭넓게 교류할 수 있는 통로를 확보했습니다. 신규식은 뛰
어난 능력과 사교성을 바탕으로 남사의 유일무이한 외국인 정식
회원이 되었습니다.

신규식은 사적인 필요에 의해서가 아니라 오로지 조국 독립을

위해 인맥 쌓기에 매진했습니다. 조국을 생각하는 애절한 그의 마음은 중국 혁명 동지들에게 전해져 인간적인 유대로 이어졌고 이렇게 구축한 개인적 친분은 중국에서 한국 독립운동의 지지 기반을 마련하는 데 큰 역할을 했습니다.

신규식은 상하이에서 인재 양성을 위해서도 힘썼습니다. 상하이 지역 한인 사회를 이끌 청년들을 독립운동 예비군으로 양성하기 위해 1913년 12월 17일 상하이 프랑스 조계 내에 박달학원을 개설한 것입니다. 박달학원은 젊은 청년들이 독립운동의 혁명 세력으로 성장할 수 있도록 중국이나 미국 유학에 필요한 기초적인 내용을 가르쳐주는 입학 예비 기관 역할을 했습니다. 그의 노력으로 박달학원은 3기에 걸쳐 졸업생 100여 명을 배출했고, 그들이 원하는 중국과 미국의 학교에 유학을 보내고 학자금을 지원했습니다.

또한 신규식은 무장 독립 투쟁의 예비군을 양성하고자 했습니다. 하지만 상하이에서 군사 교육을 직접 시킬 수 없어 인맥을 활용해 톈진군수학교, 난징해군학교, 윈난군수학교 등 중국 각지에 있는 군사 학교에 한국 청년들의 입학을 주선해주거나 그에 필요한 여건을 마련해주었습니다. 그의 노력으로 약 10년 간 중국 군사 학교에서 100여 명 이상의 한인 청년이 군사 지식을 쌓고 졸업했습니다. 이들은 훗날 독립운동의 구심점이 되었을 뿐 아니라 한중 연합의 국제적 연대 형성에도 일정 부분 역할을 했습니다.

상하이 임시정부 통합의 기둥이 되다

신규식은 강직하고 불같은 성품을 지녔지만 머리 또한 기민했습니다. 일본과 어떻게 싸워야 효과적일지 누구보다 정확히 알고 있었습니다.

그가 중국 혁명운동에 적극 협조하는 동안 많은 독립운동가가 상하이로 모여들었습니다. 조국 독립에 뜻을 가진 청년이 많아지자 조직적으로 독립 투쟁을 주도할 단체가 필요하다고 생각한 신규식은 1912년 5월 20일 최초의 한국인 독립운동 단체인 '동제사'를 조직했습니다. 동제사는 비밀 결사 조직체로 독립운동의 지휘소 역할을 했습니다. 주목할 점은 상하이 임시정부 수립을 위한 발기인 29명 중 14명이 동제사 출신이라는 것입니다. 즉 동제사는 상하이 임시정부의 전신과도 같습니다.

신규식은 다양한 방식으로 진행되던 국내외 독립운동을 통합하고 독립운동의 이념을 확립하는 계기를 만들었습니다. 1917년 7월 신규식을 중심으로 박은식, 신채호, 조소앙 등 독립운동가 14명은 '대동단결선언'을 선포했습니다. 대동단결선언의 핵심은 한일합병 당시 순종의 주권 포기는 모든 국민에게 적용되지 않으며 일본이 한반도를 점거하고 있어 재외 동포가 주권을 행사해야 한다는 국민 주권설을 주장하고 대한민국 임시정부 수립을 촉구했습니다. 이 선언은 3.1운동과 상하이 임시정부 수립에 영향을 주었습니다.

∘ 상하이에서 신채호(왼쪽), 신석우(가운데), 신규식(오른쪽)
(출처: 독립기념관)

3.1운동 발발 직후 공화주의에 대한 공감대가 형성되었고 통일된 지도부가 필요하다는 사실을 인지한 상하이 지역의 독립운동가들은 곧바로 상하이 프랑스 조계 내에 독립 임시 사무소를 개설하고 정부 수립에 착수했습니다. 그 결과 제1회 임시의정원 회의가 1919년 4월 10일에 개최되었고, 4월 11일 대한민국 임시정부가 수립되었습니다.

그런데 신규식의 이름은 제1회 임시의정원 회의는 물론 초기 각료 명단에도 누락되었습니다. 당시 신규식은 신경쇠약증으로 병원에서 입원 치료 중이었다고 하는데 첫 임시의정원 회의가 열리던 무렵 "병세가 그다지 심하지 않고 다만 심화(心火)가 대단한 듯했다."는 기록이 있는 것으로 보아 임시정부가 수립될 당시 갈

등이 있었을 것이라고 짐작해볼 뿐입니다.

신규식은 4월 30일부터 5월 12일까지 열린 제4회 임시의정원 회의부터 임시정부에 가담해 충청도 지역 의원으로 선임되었고, 부의장직을 맡았습니다. 이후 7월 14일에 열린 제5회 임시의정원 회의에서 모든 직책을 사퇴하고 임시정부에서 물러났습니다. 이유는 분명치 않지만 건강상에 문제가 있었던 것으로 추정됩니다.

신규식이 다시 임시정부에 모습을 나타낸 것은 9월 11일부터 열린 제6회 임시의정원 회의였습니다. 당시 3.1운동의 영향으로 국내외에서 다수의 임시정부가 선포되었는데 그중 연해주의 대한국민의회, 상하이의 임시정부, 서울의 한성정부가 실체를 가진 정부였습니다. 이 세 정부의 통합이 제6회 임시의정원 회의에서 결정되었습니다. 통합된 임시정부의 위치는 상하이에 두고, 명칭은 대한민국 임시정부로 하며, 한성정부의 법통을 계승하기로 합의했습니다.

1919년 9월 이승만을 대통령으로, 이동휘를 국무총리로 하는 우리나라 역사상 최초의 공화제 정부가 상하이에서 출범되었습니다. 신규식은 통합 임시정부의 법무총장으로 임명되었습니다.

통합 임시정부 초기 가장 심혈을 기울인 활동은 무엇일까요? 서구 열강으로부터 임시정부를 승인받고 독립에 대한 국제 사회의 지원을 이끌어내기 위해 외교 활동에 주력했습니다. 이를 위해 여러 국제회의에 대표를 보내 우리 민족의 독립 의지를 알렸습니다. 다. 미국 워싱턴에는 구미위원부를 두고 이승만을 중심으로 외교

◦ 이승만 대통령 상하이 도착 환영회. 왼쪽부터 손정도, 이동녕, 이시영,
이동휘, 이승만, 안창호, 박은식, 신규식, 장붕

활동을 펼쳤습니다.

하지만 상하이 임시정부는 얼마 되지 않아 위기에 빠졌습니다.
1920년부터 이념과 출신 지역으로 나뉜 파벌로 인해 내부적 갈등
이 발생하고 독립운동 방법론의 충돌로 심각한 분열에 처했습니
다. 임시정부 내의 갈등이 심화되자 미국에 있던 이승만 대통령이
상하이에 와서 혼란을 수습하기를 바라는 목소리가 커졌습니다.

임시정부가 수립된 지 1여 년이 지난 1920년 12월 5일 이승만
이 상하이에 도착했습니다. 당시 신규식은 법무총장으로서 이승
만의 입장이나 방침을 따르며 임시정부를 안정시키고 독립운동
의 구심점 역할을 수행하고자 노력했습니다. 하지만 임시정부 내
의 갈등은 수습되지 못했고, 1921년 이승만은 워싱턴회의에 참

。 대한민국 임시정부 외무총장 시절
(출처: 독립기념관)

석하기 위해 다시 상하이를 떠났습니다.

이승만은 워싱턴으로 떠나면서 신규식을 국무총리 대리로 임명해 임시정부의 수습을 맡겼습니다. 신규식은 국무총리 대리가 된 지 10일 후 외무총장직도 겸임하면서 임시정부에서 절대적인 권한을 행사할 수 있는 지위에 올랐습니다.

이때부터 신규식은 사실상 임시정부를 혼자서 감당했습니다. 먼저 전열을 가다듬어 안으로는 임시정부를 유지하고 밖으로는 워싱턴회의를 지원하기 위해 직접 외교 활동에 나섰습니다.

신규식은 자신에게 주어진 시간이 얼마 남지 않았음을 알았던 걸까요? 임시정부가 분열에 빠지자 마지막 불꽃을 불태웠습니다. 워싱턴회의에 앞서 임시정부의 친선 전권 대사 자격으로 임시정부의 정식 승인 문제와 독립운동 지원 문제를 교섭하기 위해 광저우에 있는 쑨원의 호법 정부를 직접 방문했습니다.

"신 선생은 우리의 옛 동지이신데 금번 한국 정부의 국사(國使) 자격으로 만나게 되어 매우 반갑습니다."

"감사합니다. 저는 신해년 중국으로 망명해 마침 중국 혁명을 만나게 되어 중국 동맹회에 가입하게 되었고 대총통을 따라 제1차 혁명에 참가했습니다. 저의 생각으로는 중국과 한국 두 나라의 혁명은 다 같이 중요하고 중국 혁명이 성공하는 날이 한국의 독립과 해방이 가능한 날이라고 믿습니다."

신규식은 이 회담을 통해 쑨원의 호법 정부로부터 대한민국 임시정부가 일본에게서 독립된 정부라는 것을 인정받았습니다. 이는 대한민국 임시정부가 중국 정부로부터 나라 대 나라로 인정받았다는 것을 의미합니다. 이 회담의 가장 큰 성과는 임시정부가 독립운동을 전개하는 데 꼭 필요한 내용이 담긴 '호혜 조약 5관'을 호법 정부에 전달하고 승인을 얻었다는 것입니다.

첫째, 대한민국 임시정부는 호법 정부를 중국 정통의 정부로 승인하고 아울러 그 원수와 국권을 존중함

둘째, 호법 정부가 대한민국 임시정부를 승인할 것을 요청함

셋째, 한국 학생의 중화민국 군관 학교 수용을 허가할 것

넷째, 500만 원을 차관하여 줄 것

다섯째, 조차 지대를 허락하여 한국 독립군 양성에 도움이 되게 해줄 것

신규식은 쑨원에게서 워싱턴회의에서 중국 대표가 한국 대표를 도와주고 임시정부를 지원해준다는 약속과 승인을 얻어낸 후 상하이로 돌아왔습니다.

미국으로 돌아간 이승만은 1921년 11월부터 1922년 2월까지 미국의 주도로 워싱턴에서 아시아 태평양 지역의 현안을 논의하

◦ 워싱턴회의의 한국 대표단(이승만은 앞줄 왼쪽)

는 국제회의에 한국 독립 문제를 제기하고자 총력을 기울이고 있었습니다. 이승만은 한국 대표단장 자격으로 워싱턴회의에서 한국 대표에게 발언권을 주거나 본회의에서 한국 독립 문제를 정식으로 채택해줄 것을 요청했습니다. 또한 한국의 독립을 호소하는 영문 문건을 제작해 각국 대표단과 언론인에게 배포했습니다.

워싱턴회의 주도국인 미국, 영국, 프랑스, 일본 등 제국주의 열강 대표들은 한국 대표단의 요구를 묵살했습니다. 이승만 일행은 회의 현장에 갔지만 한국 대표단으로 인정받지 못했기 때문에 한국 독립 문제는 거론조차 되지 못했습니다. 워싱턴회의에 큰 기대를 걸고 지원을 아끼지 않았던 임시정부 지도부는 큰 실망을 했고 이승만의 위상은 크게 약화되었습니다. 특히 외교 독립론에 대한

회의론이 불거지면서 임시정부 내 논쟁이 더욱 치열해졌습니다. 신규식은 책임을 지고 모든 직책에서 사퇴했습니다.

상심한 신규식에게 더 충격적인 소식이 기다리고 있었습니다. 임시정부를 승인하고 지원을 약속한 호법 정부 내부에서 반란이 일어나 쑨원을 비롯한 혁명 세력 지도자들에게 체포령이 내려졌다는 것입니다. 다행히 쑨원은 위기를 모면했지만 광저우를 떠나 상하이로 이동했습니다.

"중국의 불행은 어찌 이다지도 심한가? 쑨원 선생이 애를 써서 이룩한 사업이 전부 수포로 돌아가고 말았구나! 이것은 비단 중국의 불행일 뿐 아니라 한국의 큰 불행이로구나."

신규식은 중국 혁명의 성패가 곧 한국 독립운동의 성패와 직결된다고 믿고 있었습니다. 그런데 호법 정부에서 쑨원이 쫓겨났으니 모든 희망과 꿈이 사라졌었다고 생각한 것입니다.

신규식은 중국 혁명의 실패, 임시정부 개혁 논의를 둘러싼 극심한 대립, 한국 독립운동의 노선 문제 등을 겪으면서 상심이 날로 깊어지고 지병도 악화되었습니다. 특히 자신이 주장했던 외교 독립론이 임시정부를 분열시켰다는 자책감에 우울증과 불면증으로 고통을 받았습니다.

더 이상 할 수 있는 일이 없다고 느꼈던 걸까요? 병도 심해졌지만 신규식은 단식도 모자라 약까지 끊어버렸습니다. 병을 치료해 살기보다는 스스로 목숨을 끊기로 한 것입니다. 침대에 누워 줄곧 단식하면서 말도 없이 눈을 감은 채 매일 약간의 뜨거운 물만 마셨

◦ 신규식의 묘비 앞에서 민필호와 아들 영수, 민필호 부인 신명호, 신규식 부인 민영주(뒷줄 왼쪽)(출처: 민영백)

다고 합니다. 그는 죽음을 앞두고 마지막 유언을 남겼습니다.

"나는 아무 잘못도 저지르지 않았습니다. 그럼 잘들 있으시오. 우리 친구들이여. 나는 가겠소. 여러분들 임시정부를 잘 간직하고 2천만 동포를 위하여 힘쓰시오. 나는 가겠소. 2천만 동포를 위해 힘써주시오."

신규식은 음식, 약, 말을 끊은 지 25일째 되던 1922년 9월 25일 마흔세 살의 나이로 생을 마감했습니다. 마지막 순간까지 "정부… 정부…"를 외쳤다고 합니다.

신규식이 순국한 지 1년 후 그의 역사관이 담긴 《한국혼》이 출간되었습니다. 중국인 후린은 《한국혼》의 서문에 다음과 같은 글을 적었습니다.

신규식 선생 그는 비록 우리를 떠났지만 그의 정신은 절대 죽지 않을 것이다.

독립운동가인가?
친일 승려인가?

역사를 어떤 시각으로 보느냐에 따라 상반된 평가를 받는 인물이 있습니다. 이승만, 김원봉, 박정희 등이 대표적입니다. 이번 주인공 역시 혁혁한 독립운동 기록을 가진 애국자 혹은 친일파라는 엇갈린 평가를 받고 있는 지암 이종욱입니다.

불교계 대표로 독립운동을 이끌다

일제 강점기 민족과 독립에 대한 지조를 잃지 않았던 스님들은 3.1운동을 비롯한 항일 투쟁에 앞장섰습니다. 전국의 주요 사찰은 독립군 근거지 및 연락처 역할을 했지요. 하지만 안타깝게도 관련 기록이 많이 남아있지 않아 그 전모는 제대로 밝혀지지 않고 있습니다.

3.1운동 당시 전국 각지의 사찰 대중이 참여해 만세 시위가 벌어졌지만 교단이 주도한 조직적 독립운동은 없었습니다. 이런 연유로 지금까지 불교계 항일운동의 연구나 관심은 한용운, 백초월, 김법린, 신상완, 김상헌, 정변헌 등 개인에게만 집중되어왔습니다.

1884년 강원도 양양군 현북면에서 태어난 이종욱은 유년 시절 부모가 사망해 열세 살 무렵 강원도 양양군 소재의 명주사에서 출가했습니다. 그 후 강원도 평창군 소재의 월정사에서 수행하다가 만족하지 못하고, 열여섯 살에는 월정사를 떠나 칠장사, 동학사, 선암사 등을 전전하며 경전을 공부했습니다.

1906년 원흥사에서 근대적 신식 학교인 명진학교를 개교하자 스물세 살의 나이로 입학했고, 1907년 이후에는 범어사, 통도사, 건봉사, 법주사에서 경학을 깊이 연구했습니다. 1912년에는 월정사로 복귀해 1913년 주지대리가 되어 월정사 보전에 힘썼습니다.

전형적인 스님의 삶을 살고 있던 이종욱의 인생에 전환점이 되는 사건이 발생했습니다. 바로 3.1운동입니다. 당시 그는 불교계 인재를 양성하던 중 3.1운동에 참여하면서 본격적으로 항일운동에 뛰어들었습니다.

° 월정사 전경(출처: 국립중앙박물관)

27결사대*에 참여한 이종욱은 1919년 3월 3일 고종 황제의 국장인 인산일에 맞추어 매국노 처단을 위한 거사를 준비했습니다. 하지만 권총과 탄환의 입수가 늦어져 1차 거사는 실패하고 3월 10일경 권총과 탄환을 확보하여 다시 거사 준비에 들어갔습니다. 그리고 서울 시내 곳곳에 을사오적에 대한 성토문과 경고문, 격문 등을 작성해 붙이면서 그들의 매국 행위를 국민에게 알리고자 노력했습니다. 그러나 5월 5일 결사대원 일부가 일제 경찰에 체포되면서 27결사대의 활동은 끝나고 말았습니다. 다행히 이종욱은 체포되지 않고 몸을 피했습니다.

---

* 을사조약에 찬성하고 서명한 이완용을 포함한 을사오적을 총살하기 위해 만들어진 조직

27결사대 의거는 실패로 끝났지만 3.1운동을 계기로 서울에 한성정부가 수립되자 이종욱은 불교계 대표로 참석했습니다. 하지만 일제의 탄압으로 국내 활동이 어려워져 상하이로 망명을 모색했습니다. 상하이에 도착한 이종욱은 안창호에게 국내의 민심을 전하면서 상하이 임시정부에 본격적으로 합류했습니다.

이종욱은 상하이 임시정부에서 내무부 특파원에 임명되어 국내로 파견되었습니다. 특파원은 일종의 특수 정보원으로 중요 임무를 갖고 국내에 파견되되기 때문에 신임이 두텁지 않으면 임무 수행이 불가능합니다. 그래서인지 이종욱이 특파원으로 선정되자 임시정부 내부에서는 불만의 목소리도 있었습니다. 이때 이동녕은 다음과 같은 말로 이종욱의 특파원 선정을 지지했습니다.

"나는 기독교 신자이나 이종욱은 불교도로서 나라를 위해 애국적인 임무를 수행하는데 종교적 분류가 무슨 의미가 있겠습니까?"

1919년 7월 16일 이종욱은 내무부 특파원으로 함경남도 지역의 임시정부 선전 임무를 띠고 파견되어 활동하다가 9월 3일 상하이로 복귀했습니다. 곧이어 9월 8일에는 연통제 경기도 특파원으로 파견되어 제2차 독립운동 준비 및 실행* 임무를 수행했습니다.

10월 31일 계획대로 상하이와 서울, 평양, 의주, 선천 등지에서 항일 시위가 대대적으로 일어났습니다. 이때 이종욱은 임시정부

---

* 1919년 중국 톈진에서 결성된 항일 독립운동 단체 톈진불변단의 주도로 일본 천황의 생일인 1919년 10월 31일에 항일 투쟁을 계획했으며 안창호가 개입하면서 전국적인 독립시위운동으로 확대되었다.

의 민족 대표들이 작성한 선언서를 국내 10여 개의 독립운동 단체에 전달했습니다. 이 선언서에는 '조선 독립을 목적으로 일층분투 노력하여 일본과 투쟁하라'라는 요지의 내용이 담겨있었습니다. 이 당시 이종욱은 임시정부와 국내 독립운동 단체의 연결 고리 역할을 했던 것입니다.

특파원 활동을 성공적으로 수행한 이종욱은 김가진의 상하이 망명 작전에 투입되었습니다. 대한제국의 고위 관리가 항일 투쟁에 몸을 던진 최초의 사건으로 김가진의 합류는 임시정부의 위상을 크게 높였고 한일합병의 부당성을 주장하는 데 큰 역할을 했습니다.

임시정부는 곧바로 또 다른 작전을 준비했습니다. 의친왕 이강의 망명 작전이었습니다. 이종욱은 김가진과 의친왕의 망명을 함께 계획했지만 두 유명 인사가 동시에 국내를 빠져나가는 것은 너무 위험하다는 판단하에 김가진의 망명을 먼저 추진했던 것입니다.

의친왕 망명 작전은 조선민족대동단장 전협의 협조로 비밀리에 진행되었습니다. 당시 의친왕 뒤에는 늘 고등계 형사 미와 경부가 따라붙었지만 전협 일행은 일제의 감시망을 뚫고 의친왕을 만났습니다. 변장한 의친왕은 고종 황제가 남긴 150만 원의 채권과 비밀 문서를 챙겨 망명길에 올랐습니다.

하지만 조선총독부는 실수를 반복하지 않았습니다. 의친왕이 사라지자 곧바로 눈치 채고 전국에 수색령을 내렸습니다. 일제의 수사망이 점점 좁혀지는 가운데 의친왕 일행은 11월 11일 만주 안동역에 무사히 도착했습니다. 안동역까지 오는 기차 안의 검문은 무사히 피한 것입니다. 그러나 안동역 앞에 주둔해있던 일본 경찰의 수사망을 피하지 못하고 결국 잡히고 말았습니다.

만약 의친왕 망명이 성공했다면 어땠을까요? 독립운동 역사 중 이봉창, 백정기 의사의 의거 실패를 비롯해 몇몇 사건이 떠오르지만 가장 아쉬운 사건은 의친왕 망명 실패입니다. 조선의 황족을 대표하는 의친왕이 임시정부에 합류했다면 파급 효과가 달랐을 것이기 때문입니다. 전 세계에 한일합병의 부당성을 알리는 한편 임시정부가 독립운동 세력과 자금을 모으는 데도 유리했을 것입니다.

의친왕 망명 작전은 실패했지만 이종욱은 특파원 활동을 계속 이어갔습니다. 임시정부에서는 내무부 참사와 임시의정원 강원도 의원으로 선임되었고, 평안남도 외 12도 특파원으로 국내에 파견되어 연통제가 원활하게 운영될 수 있도록 기여했습니다.

이종욱은 국내의 주요 사찰을 독립운동의 거점으로 하여 기밀부를 조직했습니다. 당시 임시정부는 인력 부족과 열악한 재정 때문에 많은 분야에서 실질적인 활동을 못하고 있었습니다. 이 사실을 잘 알고 있던 이종욱은 기밀부를 활용해 국내 주요 사찰 승려들을 설득해 독립운동 자금을 마련하고자 했습니다. 이에 봉도사 주지였던 김구하는 거금 3,000원을 지원했고 이외에도 여러 사찰에서 자금을 지원받았습니다. 이처럼 이종욱은 불교계를 대표하는 임시정부 실무자로서 국내 승려들과 긴밀히 협력했고 임시정부의 연락 업무와 군자금의 모집, 선전 활동 등을 도맡았습니다.

하지만 이종욱의 활약은 3년을 넘기지 못했습니다. 1923년 의열단 단원 김상옥의 종로경찰서 폭파 사건에 연류되어 함흥감옥에서 3년간 옥고를 치렀기 때문입니다. 1926년 출옥한 이종욱은 임시정부가 아닌 월정사로 돌아와 불교의 발전과 육성에 전념했습니다. 그리고 이전에는 전혀 볼 수 없었던 행보를 보이기 시작합니다.

항일과 친일의 경계에서

일본은 3.1운동이 일어나자 새로운 방식으로 자신들에게 협력할 세력이 필요하다는 것을 느꼈습니다. 그래서 1920년대부터 문화통치를 통해 협력자를 양산하는 한편, 항일운동은 가혹하게 탄압하는 민족 분열 정책을 전개했습니다. 이러한 일제의 유화 정책에 동조한 일부 지식인이 민족개조론, 자치론, 참정론 등을 주장하면서 민족운동이 분열되기 시작한 것입니다.

3년간의 옥고를 치른 후 다시 국내 불교계로 복귀한 이종욱은 1920년대 중반부터 광복을 맞이하기 전까지 일관된 친일 행적을 남겼습니다. 독립운동을 위해 상하이로 망명까지 했던 그가 친일파로 전향하게 된 계기와 시기는 분명치 않습니다.

이종욱은 독립운동에 대한 기여와 불자들의 신임으로 1930년 월정사 주지를 맡았습니다. 그리고 서울에 태고사(현 조계사)를 창건하고 조선 불교 조계종을 재건하고자 노력했습니다. 이때 이종욱은 큰 고민을 합니다. 당시 불교가 민심에 큰 영향을 끼친다고 판단한 조선총독부가 불교 종단에 대한 인가제를 실시해 탄압을 했는데 이러한 상황에서 조계종을 재건하기 위해 조선총독부를 드나들며 협조와 지원을 얻어야만 했던 것입니다.

불교 자체를 없애는 것이 아닌데 굳이 조계종을 재건할 필요가 없지 않나라고 생각할 수 있습니다. 1930년대 들어 조선총독부는 이토 히로부미를 추모하는 일본 사찰인 박문사를 조선 불교 총괄 조직으로 만들어 조선의 불교 종단을 하나로 통합하고자 했습니다. 이러한 일본의 정책에 이종욱은 강력하게 반대합니다.

"일본 불교는 조선에서 건너간 것이고 조선의 불교와 일본의 불교는 엄연히 성격이 다른데 조선 불교가 일본 불교 조직 산하로 통합되는 것은 있을 수 없는 일이다."

이종욱은 일본 불교에 조선 불교가 예속되는 것을 막기 위해 전국 사찰을 돌아다니며 반대 여론을 조성했습니다. 그러고는 조선총독부에 조선의 독립적 불교 본산을 만들어야 한다고 건의했습니다. 하지만 조선총독부는 이를 승인하지도 반대하지도 않고 그저 묵인했습니다. 이러한 과정을 거쳐 1938년 태고사가 설립되었고, 3년 후 조계종이 조선총독부의 허가를 얻어 재건된 것입니다. 이 시기부터 이종욱은 일제에 적극 협조하기 시작했습니다. 친일파로 변절했던 것입니다.

1931년 만주사변을 일으킨 일본은 1937년 중일전쟁을 일으켜 본격적으로 대륙 침략을 감행했으며 조선인을 황국 신민으로 만들기 위한 심전개발운동*을 전개했습니다. 이 시기에 이종욱뿐 아니라 여러 종교의 지도자가 친일파로 변절했습니다.

◦ 지암 이종욱 스님

일본은 침략 전쟁에 조선 민중을 동원하기 위해 정치·경제·사회·문화 등 모든 분야에 걸쳐 민족말살통치를 전개했는데 본격적으로 추진하기에 앞서 종교, 사상 및 교육 분야에서 입안되었던 것이 심전개발운동입니다. 이 이데올로기 정책은 일본이 원하는 신념을 형성하는 것으로 당연히 종교와 밀접한 관계를 가질 수밖에 없고 불교, 유교뿐 아니라 기독교까지도 포함한 종교계를 주요 선전 기관으로 활용했던 것입니다.

조선총독부는 심전개발운동을 위해 불교를 중흥시켜 활용하려는 계획을 수립하고 있었습니다. 왜 불교가 중심이 되어야 한다고 판단했을까요?

---

* 제국주의 국가들이 자국의 정치 경제적 이익을 확보하기 위한 목적으로 채택하는 이데올로기 정책이다. 이데올로기 정책은 체제 순응적인 인민들을 양성함으로써 저항과 반발을 무마하고 필요에 따라 식민지 대중을 동원할 수 있도록 심리적 토대를 구축하는 중요한 수단을 말한다.

° 일제 강점기 남산 조선 신궁의 모습이 담긴 엽서

우리나라는 불교가 오랜 전통을 가지고 있음에도 조선 시대를 거치면서 국가로부터 가혹한 탄압을 받아 피폐되어있는 상황이었습니다. 하지만 일본은 부녀자층을 비롯해 많은 신도를 가지고 있는 잠재력이 큰 종교로 보았던 것입니다. 또한 향후 일본이 점령하고자 하는 중국을 비롯한 동양 문화권에서 불교는 거부감을 최소화할 수 있는 종교이기도 했습니다.

조선총독부가 불교에 관심을 가졌던 가장 큰 이유는 따로 있습니다. 당시 우리나라 승려들의 자질이 저하되어있었기 때문에 승려들의 지위를 높여주고 정책적으로 불교 부흥운동을 지원해준다면 심전개발운동이 지향하는 목적을 달성하는 데 가장 무난할 거라 여긴 것입니다.

그렇다면 이종욱은 어떤 반민족 친일 행위를 했을까요? 1936년 조선 7대 총독으로 미나미 지로가 부임하자 불교계를 대표해 환영식에 참가했습니다. 또한 중일전쟁이 발발하자 일본이 서울 남산의 조선 신궁을 참배하고 일본군을 위한 기원 법회를 지내라고 조선 내 각 사찰에 하달했는데, 이때 일본군을 위한 무운장구 기원제와 시국 강연회 등을 개최했고 중국으로 출정하는 일본군을 배웅했습니다.《신불교》를 비롯한 잡지에도 친일 논설을 실었고, 전쟁 지원을 위한 친일 단체인 국민총력조선연맹, 임전대책협의회, 조선임전보국단 등에도 빠짐없이 가담했습니다. 일제가 민족 간 차별을 없앤다는 명분으로 1940년 2월부터 6개월 동안 창씨개명 정책을 시행하자 성을 히로다(廣田)로 바꾸기도 했습니다.

　이뿐만이 아닙니다. 1941년 태평양전쟁 발발 소식을 듣자마자 전국 1,500여 개의 사찰에 일본의 전쟁 승리를 위한 기도 법회를 열게 했고, 전쟁 물자 조달을 위해 앞장서서 사찰의 범종 등을 헌납했습니다. 전국 사찰의 승려에게서 5만 3,000원을 모금한 것을 비롯해 조선 불교의 대표로 비행기 두 대를 헌납하기도 했습니다.

　일본은 우리 민족을 말살하기 위해 우리말을 없애려고 했습니다. 이 정책의 일환으로 1938년부터 조선어를 정규 교과목에서 빼고 일본 문자와 일본어를 강제로 사용해야 했는데 이종욱은 이에 호응했으며 국어전해(일본어를 모두 이해함)운동을 요구하는 공문을 전국 사찰에 하달하기까지 했습니다.

　이러한 친일 행위가 밝혀짐으로써 이종욱은 2009년 친일반민

◦ 금속 공출에 의해 각 사찰에서 회수된 범종들

◦ 일본어 강제 교육

족행위진상규명위원회에서 친일 반민족 행위자*로 분류됩니다. 그리고 만약 이종욱이 1930년대부터 광복 전까지 일관되게 친일 행위만 했다면 확실히 수많은 변절자 중 한 명에 불과했을 겁니다.

그런데 특이하게도 그는 친일 행위를 하면서도 독립운동을 멈추지 않았다는 증언이 나오고 있습니다. 그래서 독립운동가와 친일파 사이에서 엇갈린 평가와 논란이 나오고 있는 것입니다.

독립운동가이자 광복회장을 역임한 유석현은 1984년 1월 23일자 〈중앙일보〉에서 이종욱에 대해 다음과 같이 증언했습니다.

> "이종욱 스님은 조선총독부에 적극적으로 협력하면서도 한편으로는 계속해서 임시정부와 연락을 갖고 독립운동 자금을 모아 밀송하였다. 또한 국내의 동지들과 회동하면서 태평양전쟁이 막바지에 다다른 1944년 3월에는 강태동, 유석현, 이응진, 김현국 등과 함께 군사 봉기를 계획하였다. 그때 일본군과 후방을 교란하기 위해서 게릴라 활동을 전개하기로 하고 자금 조달의 책임을 이종욱이 맡고 유석현 씨는 무기 구입의 책임을 맡았다."

이종욱은 친일 행각에 동분서주하다가 1945년 일본이 패망하

---

* 1948년 제정된 반민족행위처벌법에 일본 정부와 협력해 한국의 주권을 침해한 자, 일본 정부로부터 작위를 받은 자, 독립군을 살상 박해한 자, 일본군, 일본 경찰, 일본 헌병이었던 자, 민족주의 정신과 신념을 배신하고 반민족 언론과 글쓰기, 기타 방법으로 지도한 자 등을 반민족 행위를 한 친일파로 정확하고 구체적으로 규정해놓았다.

자 8월 17일 기존에 맡고 있던 모든 직책에서 사퇴했습니다. 이후 9월 22일에 소집된 전국 승려 대회에서 부일 협력자 제1호로 지목되어 승권 정지 3년이라는 징계를 당했습니다. 그런데 광복 직후 "이종욱의 자금 조달이 없었다면 임시정부가 유지될 수 없었다."라고 말한 김구의 증언이 나와 이종욱의 친일 행위가 '자발적이냐, 위장이냐'라는 논쟁이 벌어지는 데 영향을 준 것입니다.

이후 이종욱은 우익 정치인으로 변신했습니다. 1950년 고향인 평창에서 예순일곱의 나이로 제2대 국회의원에 당선되었고, 1951년 동국대학교 재단이사장, 1952년 불교계 대표인 중앙총무원장을 역임했습니다. 그리고 1969년 11월 화엄사에서 여든여섯의 나이로 세상을 떠났습니다.

이종욱의 행적은 지금까지도 논쟁의 대상이 되고 있습니다. 친일 행위를 옹호하는 쪽에서는 이종욱의 친일은 불교계의 책임자로서 교계 사업을 달성하기 위함이자 독립운동을 은폐하려는 위장 전술이라고 말합니다. 또한 그의 불가피한 선택적 친일은 불교계를 살리려는 고차원에서 재인식되어야 한다고도 합니다.

반대로 이종욱의 친일 행위를 비판하는 쪽에서는 '조계종 재건과 항일운동을 위한 위장 친일'은 논리 모순이라고 주장합니다. 친일이라는 방식을 취하지 않더라도 항일운동을 할 수 있었고, 종단 재건 역시 반드시 조선총독부의 허가를 얻어야 했던 것은 아니었기 때문입니다. 성리학 국가였던 조선 왕조 500년에도 불교의 맥은 끊어지지 않았고, 국통을 잇고 빼앗긴 나라를 되찾기 위해 세

위진 임시정부도 조선총독부의 허가를 얻어 활동한 것이 아니라는 것입니다. 결국 이종욱이 '위장이든 공적이든 전투기를 만들어 바치고, 전쟁 참여를 독려한 것은 재해석이 불가능한 친일 행위이다'는 것입니다.

이종욱은 일제 강점기 동안 독립운동한 것을 인정받아 1977년 건국훈장(3등급)이 추서되었습니다. 그러나 1930년대 친일 행적이 확인되어 2011년 서훈이 취소되었습니다. 후손들은 '친일 행적은 독립운동을 위한 위장'이라며 이의를 제기했지만 보훈처는 받아들이지 않았고 행정 소송에서도 패소했습니다.

한국 현대사에서 가장 미스터리한 인물인 이종욱을 어떻게 생각하나요? 그는 독립운동가인가요? 아니면 친일파인가요?

대한민국 임시정부의 수호자

임시정부의 발자취를 따라가다 보면 빼놓을 수 없는 인물이 있습니다. 네 차례의 주석, 세 차례의 의정원 의장, 국무령, 국무총리를 지냈으며 임시정부의 수호자, 임시정부의 정신적 지주, 임시정부의 어른으로 평가받는 석오 이동녕입니다. 김구는 그를 '최후의 1인까지 존경해야 할 사람'이라고 경의를 표했습니다.

만주와 연해주에서 독립운동에 뛰어들다

1869년 충청남도 천안시 동남구 목천읍 동리에서 태어나 어린 시절을 보낸 이동녕은 1885년 서울 종로 봉익동으로 이사했으나 곧 부친을 따라 경상북도 영해읍 그리고 1888년에는 평양으로 갔습니다. 1892년에는 과거(진사시)에 합격했지만 근대화의 필요성을 절감하고 벼슬길을 버렸습니다. 그리고 부친의 주도로 원산에 세워진 광성학교에서 교육계몽운동에 나섰습니다. 하지만 이동녕은 광성학교가 민족 학교로 자리를 잡자 상경했습니다. 당시 세계 정세가 심상치 않았기 때문입니다.

1895년 일본은 경복궁을 침범해 왕비를 시해하는 만행을 저질렀고, 이후 일본의 내정 간섭이 심해지자 이듬해 고종은 러시아 공사관으로 거처를 옮기는 아관파천을 단행했습니다. 그런데도 열강의 이권 침탈과 러시아의 내정 간섭은 점점 심해지기만 해서 고종의 환궁을 요구하는 여론이 일어났는데 이 여론을 주도한 단체가 독립협회입니다.

1896년 정부 관료와 개화 지식인들은 자주 독립 국가 수립을 내세우며 독립협회를 창립했습니다. 독립협회는 초기부터 서구 열강의 이권 침탈을 반대하는 운동을 벌였고, 미국의 금광 개발과 같은 과도한 이권 양여 주장의 철회도 요구했습니다. 스물여덟 살의 이동녕은 독립협회 핵심 인물은 아니었지만 간사직을 맡으면서 이권수호운동에 힘을 보탰습니다.

이후 독립협회는 1898년 3월부터 종로 거리에서 상인, 학생 등이 참여한 만민공동회를 개최해 러시아의 간섭과 이권 요구를 규탄하고, 러시아의 지원을 거절하라는 결의안을 고종에게 제출했

∘ 만민공동회에서 태극기가 휘날리는 모습

습니다. 이때 이동녕은 정부 대신의 부정부패를 비롯한 불법 행위를 규탄하고 정부의 잘못된 정치를 탄핵하는 상소를 올렸습니다.

그런데 고종은 독립협회가 황제를 폐위시키고 공화제를 시행하려 한다는 모함에 위기감을 느껴 1898년 12월 강제 해산시켰습니다. 이 무렵 이동녕은 주시경, 신채호 등과 독립협회를 지키기 위해 노력했지만 체포되어 7개월간 옥고를 치렀습니다.

감옥에서 풀려난 뒤 이동녕은 〈제국신문〉의 논객으로 여러 사설을 통해 과감한 개혁의 시행과 개화의 시급성을 강조했습니다. 나라의 장래가 관리의 손에 달려있다고 생각하는 것은 매우 위태로운 사고방식이고, 앞으로는 국민이 주인공임을 명백히 규정했습니다. 또한 민족의식의 함양에 힘쓰면서 국민이 주인이 되는 국가와 사회가 되어야 국제 경쟁력이 강해진다고 강조했습니다. 이러한 이동녕의 생각은 훗날 대한민국 임시정부라는 민주 공화제 정부를 수립하는 것으로 구체화되었습니다.

일본은 러일전쟁 승리 이후 열강으로부터 한국 지배를 독점적으로 인정받아 한국 보호국화 작업을 추진했습니다. 1905년 11월 일본 정부의 특사로 온 이토 히로부미가 일본군을 동원한 상태에서 고종과 정부 대신들을 위협하는 한편 이완용을 포함한 을사오적을 앞세워 을사조약을 체결했고, 이에 따라 조선의 외교권을 강탈했으며, 이토 히로부미가 초대 통감으로 부임해 외교뿐 아니라 내정 전반을 간섭하기 시작한 것입니다.

을사조약이 체결되자 전국에서 반대 투쟁이 벌어졌습니다. 이동녕은 을사조약 반대 범국민운동을 진두지휘했으며 을사조약을 무효로 돌리기 위해 도끼를 메고 격렬하게 상소운동을 전개했습니다. 당시 서른일곱 살이었던 그는 을사조약 체결 장소인 덕수궁의 대안문 앞에서 혈서로 "사수 독립"이라는 글자를 쓰고 대궐문 앞에서 상소와 함께 격렬한 애국 연설을 했습니다.

"이는 분명히 내정 간섭이요. 일본이 우리 국권을 강탈하여 우리 2천만 신민을 노예로 삼는 조약을 억지로 맺으니 최후의 일인까지 죽음을 초월하여 싸워야 합니다."

일본의 만행을 규탄한 이동녕의 애국 연설이 끝나자 충돌 사태가 일어났고, 시위에 참여한 많은 사람이 연행되었습니다. 이동녕도 붙잡혀 두 번째 옥고를 치렀습니다.

두 달간의 옥고를 마치고 1906년 북간도 용정촌으로 망명을 떠

◦ 서전서숙

난 그는 우리나라 최초의 항일 민족 교육 기관인 서전서숙을 세웠습니다. 이동녕은 서전서숙에서 교육받은 동포 2세들이 훗날 독립운동의 한 축을 담당하기를 바랐습니다. 실제로 그의 가르침을 받은 많은 이가 독립운동가로 성장했습니다.

일본의 데라우치 통감은 군대를 동원해 계엄 상태를 조성하고 미리 수립한 계획에 따라 대한제국과의 합병을 밀어붙였습니다. 이에 따라 1910년 8월 한일합병조약이 체결되었고 대한제국은 일본의 식민지로 전락했습니다.

한일강제합병이 이뤄지자 이동녕은 이회영, 이시영 형제 등의 신민회 지도자들과 함께 서간도로 망명을 떠나 만주에 독립군 기지를 만들고 신흥강습소를 세웠습니다. 그러고는 초대 교장으로 취임해 한국사, 윤리학, 경제학, 신지지, 박물학 등을 직접 가르쳤습니다. 이후 신흥강습소는 신흥무관학교로 확대 개편되었고 3,000여 명의 독립군을 배출했습니다. 이들은 여러 독립군 부대에 들어가 항일 무장 투쟁의 주역이 되었습니다.

우리나라뿐 아니라 북간도와 서간도를 누볐던 이동녕은 1914년 러시아 연해주로 건너가 독립운동을 준비했습니다. 1914년은 러일전쟁 10주년이 되는 해로, 러시아에서는 러일전쟁의 패배를 설욕하겠다는 분위기가 팽배해 개전설이 나돌기도 했습니다.

이런 분위기 속에서 이동녕은 이상설을 비롯한 여러 애국지사와 뜻을 모아 대한광복군 정부를 수립하고 시베리아와 만주, 미주에 널리 퍼져있는 무장력을 갖춘 독립운동 단체를 규합해 독립 전쟁을 실현하고자 했습니다. 그러나 안타깝게도 대한광복군 정부는 수립과 동시에 큰 위기에 처했습니다.

1914년 8월 1차 세계 대전이 일어나자 러시아가 일본과 공동 방위 체제를 확립했고, 러시아 내에서 한국인들의 모든 정치 사회 활동이 금지되었습니다. 결국 그해 9월 권업회*가 해산 당했고 대한광복군 정부 또한 더 이상 활동을 못하고 해체되었습니다.

대한광복군 정부는 해체되었지만 이동녕은 좌절하지 않고 연해주와 만주 일대에 흩어진 항일 민족 역량을 한데 모으며 결전의 시기에 대비했습니다. 3.1운동 한 달 전인 2월 1일 중국 지린(길림)에서 이동녕은 조소앙, 안창호, 신채호, 김좌진, 이승만, 김약연, 이

* 대한광복군 정부 수립의 모체

상룡 등 39명이 서명한 대한독립선언서*를 발표했습니다.

이동녕과 김교헌, 조소앙 등은 대한독립선언서를 통해 한국은 완전한 자주 독립국이고 민주 자립국이며, 한일합병은 일본이 우리나라를 사기와 강박, 무력 등의 수단을 동원해 강제로 합병한 것이므로 무효라고 주장했습니다. 이동녕은 '섬은 섬으로 돌아가고, 반도는 반도로 돌아오게 할 것'을 요구했고, 우리의 영토를 지키기 위해 무력 사용도 불사하겠다고 선언했습니다. 또한 "육탄혈전, 즉 맨몸으로라도 결사적으로 항쟁하여 독립을 완성하자."고 역설하면서 독립을 향한 굳은 의지를 표출했습니다. 이 대한독립선언서는 우리나라 최초의 독립선언서이자 3.1운동의 기폭제가 되었습니다.

이동녕은 대한독립선언서 배포 이후 새로운 독립운동의 구심점이 필요하다는 결론을 내렸고 다음 행보는 임시정부에 더욱 가까워졌습니다.

대한민국 임시정부의 정신적 지주

1919년 3월 1일 서울 탑골공원, 평양, 원산, 의주 등에서 "대한독립 만세!"를 외치는 만세 시위가 일어났습니다. 그 열기는 철도

---

* 무오년에 발표되어 무오독립선언서라고도 한다.

◦ 1910년대 상하이 모습

와 간선 도로를 따라 인근 도시와 농촌으로 급속하게 확산되었습니다. 이동녕은 3월 10일경 상하이에 도착했습니다. 그 당시 상하이에는 3,000여 명에 이르는 한인이 살고 있었다고 합니다. 비슷한 시기 3.1운동에 고무된 독립운동가 30여 명이 상하이에 집결했습니다.

4월 10일 밤 10시 프랑스 조계 김신부로 22호 3층 건물에서 이동녕을 포함해 조소앙, 신채호, 이시영, 여운형, 이광수 등 29명이 모였습니다. 이동녕은 임시정부를 수립하려면 입법부 역할을 하는 임시의정원의 개설이 기본이라고 동지들에게 말했습니다. 그의 주도로 조선 8도와 러시아령, 미주, 중국령 등지의 국민대표로 임시의정원을 구성해 제1회 임시의정원 회의를 열었습니다. 이 회

° 임시정부 신년 축하 기념사진(출처: 독립기념관)

의에서 이동녕은 임시의정원 초대 의장을 맡아 국호를 '대한민국'
으로 정하고, 민주 공화제 채택, 헌법 제정 등의 안건을 통과시켰
습니다.

1919년 4월 11일 이동녕은 동지들과 임시정부 수립을 국내외
에 선포하고 국무총리로 취임했습니다. 그리고 역사적인 대한민
국 임시정부의 출범에 감격했습니다.

"이제 여러분, 오늘부터 우리나라는 군주국이 아니고 민주 공
화국이올시다. 모든 주권은 국민으로부터 나온다는 것을 잊지 말
고 꼭 광복합시다."

이동녕에 의해 조직된 임시정부 의정원에서는 투표를 통해 정
부의 각료를 선임했습니다. 이후 다섯 차례에 걸쳐 법안을 수정 보

완했으며 인사 절차를 민주적으로 진행시킴으로써 한국의 헌정사를 빛냈습니다.

그래서일까요? 여의도 국회의 사당에서 이동녕을 만날 수 있습니다. 1996년 이동녕 선생의 뜻을 기리기 위해 국회 내에 흉상을 건립해달라는 이동녕선생기념사업회의 청원이 국회에서 승인되었기 때

◦ 국회의사당에 있는 이동녕의 흉상

문입니다. 국회 내에 기념물이나 동상을 세우기는 결코 쉽지 않습니다. 여당과 야당이 만장일치로 합의해야 하기 때문입니다. 초대 대통령 이승만 동상 설립은 실현되지 못했지만 이동녕은 독립운동가이자 대한민국 임시정부 의정원의 초대 의장이었고 오늘날 대한민국 국회는 임시의정원을 계승한 것이기에 아무도 이의를 달지 않았습니다. 이동녕은 입법부인 임시의정원을 기반으로 대한민국 임시정부를 수립한 후 행정부를 바탕으로 기반을 다져나갔습니다. 내무총장, 국무총리 등을 맡아 뛰어난 행정 능력을 발휘해 임시정부 초기 국내외의 일을 두루 총괄했습니다.

임시정부 수립 후 이동녕은 전 세계에 흩어져 있는 한인들과 독립운동 단체들의 구심점 역할을 맡아 독립운동을 전개하는 데 심혈을 기울였습니다. 이는 모든 임시정부 요인이 원하는 일이기도 했습니다. 이에 그는 조선민족대동단 총재 김가진을 고문으로 추

대했고, 〈독립신문〉을 발간해 국내외 소식을 동포들에게 전했으며, 우리 민족의 독립운동과 관련된 사료를 모아 《한일관계사료집》을 간행했습니다.

내무총장으로서 직접 주도한 일도 있습니다. 고국에 있는 2천만 동포에게 임시정부에 대한 지원을 호소하는 포고문을 작성한 것이었습니다. 여러 차례 작성된 포고문은 비밀 조직을 통해 국내에 전해졌습니다.

남녀 학생에게

내무총장 이동녕은 친애하는 우리 남녀 학생에게 고한다. 포악한 적의 수중에 있으면서 자유를 위하여 모든 것을 희생한 모든 이의 고결한 정신에 대해 찬탄을 금할 수 없다. … 오호라! 동포여. 조국의 위기를 구원함은 지금이다. 모든 이가 분기할 때가 또다시 도래하였다. … 삼천리 강산에 무수한 태극국기를 게양하자! … 청년 남녀 제자여. 노력하라. 국가는 의뢰한다.

– 대한민국 원년 10월 15일 , 내무총장 이동녕

포고문 제1호 '고국의 청년에게 보내는 글'은 이동녕이 상하이 프랑스 조계 보창로 단칸방에서 초안을 작성한 후 김구, 조완구 등과 의논해 수정한 것입니다. 이동녕은 학생뿐 아니라 상업에 종사하는 동포와 해외에 거주하는 한인들을 대상으로도 포고문을 발표해 항일 투쟁을 위한 각성을 촉구했습니다.

1921년 연통제와 교통국*이 일본 경찰에게 발각되어 해체되자 임시정부는 자금 조달에 어려움을 겪었습니다. 사실 임시정부는 광복을 맞이할 때까지 항상 자금 부족 문제에 시달렸습니다. 또한 이동휘 계열의 무장투쟁론, 이승만 계열의 외교독립론, 안창호 계열의 실력양성론 등 독립운동의 노선을 둘러싸고 갈등이 불거지면서 지도자 간의 파벌 다툼이 벌어졌습니다.

이러한 위기 속에 이동녕은 안창호와 함께 독립운동가들의 단합을 위해 앞장섰습니다. 1923년 1월 상하이에서 임시정부의 노선과 활동을 재평가하고 분열된 독립운동 전선을 통일하기 위해 국민대표회의가 개최되었습니다. 이 회의에서 임시정부를 해체하고 새로운 정부를 수립하자는 창조파와 임시정부의 조직만 바꾸자는 개조파가 심하게 대립했습니다. 심지어 임시정부를 부정하고 '한' 정부를 새로 수립하는 일까지 벌어졌습니다.

"우리가 살길은 오직 대동단결하는 지혜를 발휘함에 있소."

이동녕은 회의가 열릴 때마다 독립운동 진영의 대동단결을 읍소했습니다. 그의 노력에도 불구하고 끝내 창조파와 개조파는 의

---

* 국내와의 비밀 연락을 위한 통신 기관

견 차이를 좁히지 못했습니다. 그러자 이동녕은 평소와는 달리 강력하고 단호한 모습을 보였습니다. 이동녕과 김구의 주도하에 국민대표회의를 해산하고 임시정부의 정통성과 법통성을 지키기 위해 '한' 정부 수립을 주도한 인물들을 상하이에서 추방한 것입니다.

국민대표회의가 결렬되자 많은 독립운동가가 임시정부에서 이탈했고 임시정부는 조직을 유지하는 것조차 어려울 정도로 침체 상태에 빠졌지만 임시정부는 위기를 극복하고자 헌법을 고쳐 대통령제에서 국무령 중심의 집단 지도 체제로 전환하고 1926년 12월 김구가 임시정부 수반인 국무령이 되었습니다. 김구가 국무령에 오르는 것에 반대하는 목소리가 들릴 때마다 이동녕은 "임시정부를 강하게 이끌 사람은 백범밖에 없다."며 강하게 밀어붙였습니다. 이동녕은 임시정부의 장래를 위해 자신을 내세우기보다 김구를 지원했던 것입니다.

두 영웅이 만나다

어린 시절 세종대왕, 이순신만큼 많이 접하는 조선 시대 인물이 있습니다. 한국사에서 교유 관계의 표본으로 유명한 오성(이항복)과 한음(이덕형)입니다. 독립운동가 사이에서도 오성과 한음 같은 관계를 찾을 수 있습니다. 바로 이동녕과 김구입니다.

대한민국 임시정부라고 하면 백범 김구가 자연스럽게 떠오릅니다. 하지만 이동녕이 없었다면 김구는 임시정부에서 우리가 알고 있는 입지와 위상을 갖지 못했을 겁니다. 김구가 중요한 선택의 기로에 있을 때마다 항상 이동녕이 함께했습니다.

두 영웅의 첫 만남은 1904년 을사조약이 체결되자 서른다섯 살의 이동녕이 서울 상동교회에서 항일 단체인 '청년회'를 만들고, 거기에 스물여덟 살의 김구를 가입시키면서 이루어졌습니다. 이 둘은 이동녕이 을사조약을 무효로 돌리기 위해 도끼를 메고 격렬히 상소운동을 전개하다가 1906년 중국으로 망명을 떠나면서 헤어졌습니다.

10년 후 이동녕과 김구는 상하이에서 다시 만났습니다. 1919년 4월 이동녕이 상하이 임시정부 수립에 참여한 지 며칠 지나지 않아 김구도 합류했습니다. 이동녕은 김구가 당시 내무총장이었던 안창호 밑에서 경무국장을 할 수 있도록 도와주었습니다. 이후에도 내무총장, 국무령 등 요직에 김구를 추천했고 임시정부를 이끌어나갈 여건을 만들어주었습니다.

국민대표회의가 결렬된 후 임시정부는 이동녕과 김구를 중심으로 체제를 재정비해나갔습니다. 오랜 침체기에 빠진 임시정부는 새로운 활력을 불어넣고자 1931년 한인애국단을 조직했습니다. 이때 이동녕은 한인애국단의 책임자로 김구를 임명했고 지원을 아끼지 않았습니다.

당시 독립운동 단체들의 항일 투쟁 계획은 밀정에 의해 상하이 일본 영사관에 비밀리에 제보되었습니다. 임시정부는 한인애국단의 의거 계획을 노출시키지 않기 위해 내부에서도 김구, 이동녕 외에 조소앙, 김철, 조완구 등 다섯 명 정도만 아는 상태에서 극비리에 진행했습니다. 한인애국단 하면 떠오르는 이봉창과 윤봉길의 거사에 김구뿐 아니라 이동녕도 함께했던 것입니다.

이동녕과 김구는 선후배이자 동지였고 임시정부의 두 기둥이었습니다. 김구는 이동녕의 전폭적인 지원이 있었기 때문에 광복 전까지 임시정부를 이끌 수 있었습니다. 김구의 《백범일지》을 보면 이동녕에 대한 감사와 경의가 곳곳에 나와있습니다.

청아한 인품과 겸손함을 가진 최고 어른으로 임시정부에서 구심점 역할을 한 이동녕은 1930년대에 접어들면서 이념 대립으로 분열된 독립운동 세력의 좌우 합작과 통합을 위해 혼신을 기울였습니다. 그는 독립운동 세력이 힘을 합치지 않고는 효과적인 항일 투쟁이 불가능하다는 것을 누구보다 잘 알고 있었습니다. 이동녕의 주도하에 김구, 안창호 등은 1930년 한국독립당을 창당했고, 1935년에는 한국독립당을 중심으로 여러 정당을 통합해 한국국민당을 창설했습니다.

1932년 윤봉길 의거 이후 임시정부는 일제의 탄압을 피해 상하이를 떠날 수밖에 없었습니다. 1940년 충칭(중경)에 정착할 때까지 항저우(항주), 전장(진강), 창사(장사), 광저우(광주), 류저우(유주), 구이양(귀양), 치장(기강) 등 중국 각지를 옮겨다녔습니다. 이 시기에도 임시정부를 가장 괴롭힌 것은 재정 문제였습니다. 이 같은 어려운 사정에도 임시정부는 항일 투쟁을 멈추지 않았고 매 순간마다

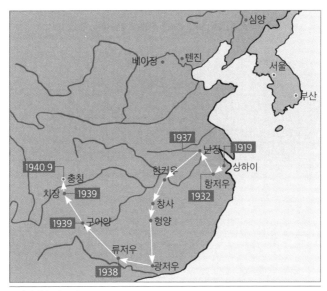

∘ 임시정부 이동 경로

이동녕이 있었습니다.

이동녕은 독립운동 세력의 통합에 앞장서는 한편 중일전쟁이 발발하자 1939년 치장에 전시 내각을 구성했습니다. 그리고 강력한 항일전의 수행을 위해 한국광복군 창설을 준비했습니다.

안타깝게도 이동녕은 한국광복군 창설뿐 아니라 조국의 독립도 직접 보지 못했습니다. 광복을 5년 앞둔 1940년 3월 13일 급성 폐렴으로 중국 치장 임시정부 청사 2층 단칸방에서 생을 마감한 것입니다. 자신을 죽음을 예감했던 걸까요? 죽음을 앞둔 며칠 전 그는 산길을 다니면서 머나먼 동쪽의 고국산천을 바라보며 눈물을

° 치장에서 국장으로 거행한 이동녕의 장례식(출처: 백범김구선생기념사업협회)

흘렸다고 합니다. 그의 나이 일흔두 살이었습니다.

조국의 독립을 위해 20여 년 동안 임시정부의 입법부와 행정부에서 요직을 지낸 이동녕의 마지막 유언은 '대동단결'이었습니다. 눈을 감는 순간까지도 조국의 독립 달성을 위해서는 모든 이념과 파벌을 초월한 민족의 대동단결이 필요하다고 강조한 것입니다. 이동녕의 서거 후 임시정부는 한국광복군을 조직해 항일 투쟁을 지속했고 1945년 광복을 맞이했습니다.

죽음을 맞이하는 날까지도 오로지 분열된 임시정부의 미래를 걱정했던 이동녕, 그가 품었던 애국심과 열정을 잊지 말아야 합니다. 앞으로 김구를 생각하고 떠올릴 순간이 온다면 그의 곁에 항상 있었던 이동녕도 떠올려주기를 바랍니다.

2부

임시정부,
독립운동을
전개하다

노백린   조동호   엄항섭   김철

우리 민족을 양분한 문화통치

3.1운동이 일어나자 일본은 더 이상 강압적으로 조선을 지배할 수 없다는 사실을 깨닫고 문화통치 방식으로 바꾸었습니다. 이 시기 일본의 문화통치는 가혹한 식민 통치를 은폐하고 우리 민족의 분열을 조장해 민족운동 세력을 약화시키려는 기만적인 술책에 불과했습니다.

일본은 문관 출신도 총독에 임명될 수 있다고 했지만 실제로 식민 통치가 끝날 때까지 문관 출신의 총독은 단 한 명도 임명하지 않았습니다. 문화통치 시기 헌병 경찰제를 폐지하고 보통 경찰제를 도입했으나 경찰의 수와 장비, 예산 모두 세 배 이상 늘었습니다. 한국인의 신문과 잡지 발행을 허용했으나 검열을 통해 언론을 통제했습니다. 한편, 민족 지도자와 지방 유지를 포섭하는 데 힘을 쏟아 각종 친일 단체를 조직하게 하고 지원을 아끼지 않았습니다. 이에 따라 적지 않은 사람들이 식민 통치에 협력했습니다.

대한민국 임시정부 활동을 본격화하다

3.1운동 이후 수립된 임시정부는 우리나라 독립운동의 최고 지도 기관이 되었습니다. 삼권 분립에 기초한 민주 공화제를 채택해 임시의정원(입법), 국무원(행정), 법원(사법)을 구성했고, 독립운동 자금을 안정적으로 확보하고 나라 안팎의 항일 세력과 원활한 연락망을 구축하기 위해 비밀 행정 조직인 연통제와 통신 기관인 교통국을 설치했습니다.

임시정부는 독립운동 자금을 모금하기 위해 해외 동포들에게 독립 공채를 발행하고, 기관지인 〈독립신문〉을 발행해 민족운동 관련 소식을 전했으며, 임시 사료편찬위원회를 설치하고 《한일관계사료집》을 간행했습니다. 또한 군사 활동도 적극 전개했습니다. 직접 군대를 거느리지는 못했지만 서로군정서, 북로군정서 등과 연결되어있었고 국무원 산하에 군무부를 설치해 군사 업무를 관장했습니다.

임시정부가 가장 중요시했던 활동은 외교였습니다. 상하이는 조계지로 서구 열강의 외교 공관들이 있고 국내외 연락과 활동이 자유로워 외교 활동에 좋은 장소였습니다. 이에 프랑스와 미국에 파리위원부와 구미위원부를 두어 국제연맹과 워싱턴회의에 독립을 청원하는 등 외교 활동을 계속했습니다. 그러나 파리강화회의와 각종 평화회담에서 열강은 승전국 일본의 식민지인 한국 문제에 대해서는 관심조차 보이지 않았습니다.

국민대표회의와 대한민국 임시정부의 재편

1921년부터 임시정부는 침체 상태에 빠졌습니다. 일제의 탄압으로 연통제와 교통국이 무너지면서 국내에서 독립운동 자금을 모으기가 힘들어졌고 외교 활동 또한 강대국의 외면으로 좌절되었기 때문입니다. 독립운동의 노선을 둘러싼 논쟁과 사회주의와 민족주의 계열 간의 갈등으로 내분까지 깊어져 위태롭기까지 했습니다.

임시정부는 독립운동의 새로운 방향을 모색해야 했습니다. 하지만 1923년 개최된 국민대표회의에서는 별다른 성과를 거두지 못했고, 그 결과 수많은 독립운동가가 임시정부를 떠났습니다. 이에 임시정부는 1925년 3월 이승만 대통령을 탄핵하고 박은식을 2대 대통령으로 추대했습니다. 곧이어 헌법을 개정해 대통령제를 국무령제로 바꾸었습니다. 그러나 여러 노력에도 불구하고 임시정부는 세력이 약화되어 독립운동을 대표하는 단체라기보다는 개별 독립운동 조직으로 전락하고 말았습니다.

지금까지 살펴본 임시정부는 여러 독립운동 단체를 대표하고 주도적으로 이끌어가기도 했지만 독립운동 세력의 분화, 세계정세의 변화 등으로 세력이 약화되기도 했습니다. 그러나 여러 난관을 극복하며 27년이라는 기간 동안 독립운동의 통합 기구였다는 점에서 큰 의의가 있습니다.

대한민국 하늘을 열다

다음은 1910년 3월 안중근 의사가 여순감옥에서 쓴 글입니다.

나라를 위해 몸을 바침은 군인의 본분이다.

爲國獻身軍人本分(위국헌신군인본분)

오늘날 대한민국 육군의 핵심 가치는 위국 헌신, 책임 완수, 상호 존중입니다. 특히 위국 헌신은 육군의 존재 목적입니다. 헌법 제5조에는 '국군은 국가의 안전 보장과 국토방위의 신성한 의무를 수행함을 사명으로 하며'라고 명시되어있습니다. 군인으로서 헌법에 명시된 신성한 의무를 완수하려는 자세가 바로 위국 헌신의 정신입니다.

임시정부 요인 중에서도 위국 헌신의 정신을 몸소 실천한 인물이 있습니다. 우리나라 최초로 한인 비행학교를 설립해 독립군 비행사를 양성하고자 했던 노백린 장군입니다.

이완용을 개 취급한 '독립 광인' 장군

1875년 황해도 송화군 풍해면 성하리에서 태어난 노백린은 어릴 때부터 키가 크고 성격도 호탕해 무인 기질을 보였다고 합니다. 그는 여섯 살이 되던 해 서당에 입학해 열네 살까지《사서삼경》과《사략》등을 배우며 한학적 소양을 갖추었습니다.

스물한 살이 되던 1895년 봄, 노백린은 인생의 전환기를 맞이했습니다. 조선 왕실이 갑오개혁의 일환으로 장래 군대를 이끌 인재를 양성하고 신문물을 배워오기 위해 우수한 청년들을 유학생으로 선발한 것입니다. 노백린은 황해도 대표로 뽑혔고 전국 각지에서 선발된 관비 유학생 114명과 함께 합숙 훈련을 받은 후 일본으로 떠났습니다. 1895년 게이오의숙에서 보통과와 특별과를 수학한 후 1898년 세이조학교를 졸업했습니다. 1899년 11월에는 일본 육군사관학교 11기생으로 졸업했습니다.

1900년 10월 귀국한 그는 대한 제국 육군 참위*에 임관된 뒤 꾸준히 승진해 육군무관학교장, 헌병 대장, 육군연성학교장 등을 역임하면서 수많은 군인을 양성했습니다. 그는 군인은 피곤을 극복하고 맹훈련을 견뎌내야 한다는 신조로 육군무관학교 학도들에게 고된 교육과 훈련을 시켜 '호랑이 교관'이 라는 별명으로 불리기도 했습니다.

◦ 대한제국 육군 참위 시절의 노백린
(출처: 독립기념관)

간혹 노백린이 일본에서 유학했기 때문에 친일적 성향을 지니고 있었을 거라고 생각하는 사람이 있습니다. 이런 우려를 불식시켜줄 만한 유명한 일화가 있습니다.

1905년 을사조약 체결 후 이토 히로부미는 통감부를 서울에 설치하고 한국 측 고관들을 초청해 큰 연회를 베풀었습니다. 이 자리에 친일 매국노의 대명사 이완용을 비롯해 박제순, 이지용, 이근택, 권중현 등이 참석했습니다. 여기서 민족의 원수, 을사오적을 만난 노백린은 큰소리로 마치 개를 부르듯 그들을 향해 부르짖었습니다.

"위리 워리(쯧쯧쯧)!"

---

* 오늘날의 육군 소위

일제에 나라를 팔아먹은 개 같은 인간들이니 개처럼 취급한다는 조롱이었습니다. 이를 본 일본군 사령관 하세가와 요세미치가 칼을 빼들자 노백린도 칼을 빼들고 대결하려 했습니다. 돌발 상황에 깜짝 놀란 이토 히로부미의 만류로 겨우 진정되었지만 연회의 흥은 이미 깨진 뒤였습니다.

일본은 을사조약을 체결한 뒤 외교뿐 아니라 내정 전반을 간섭하기 시작했습니다. 이에 고종은 1907년 네덜란드 헤이그에서 열린 만국평화회의에 이준, 이상설, 이위종을 특사로 파견해 을사조약은 황제가 재가한 바가 없으므로 국제법상 무효라는 사실을 밝히려 했습니다. 이 일은 실패로 돌아갔고 일본은 이를 구실로 삼아 친일 대신들을 동원해 고종을 강제로 퇴위시켰습니다.

이때 노백린은 고종의 강제 퇴위에 맞서 무력 항쟁을 계획했습니다. 하지만 당시 동원할 수 있는 군대 병력이 노백린 휘하의 기병대와 이동휘, 유동열 휘하의 보병을 합해 2,000여 명에 불과했고 무기도 일본군에 비해 열세였던 탓에 실행에 옮기지는 못했습니다.

◦ 1907년 대한제국 군대가 강제 해산되어 낙향하는 노백린
(출처: 윌로우스항공기념재단)

고종이 강제로 퇴위당한 후 곧바로 한일신협약이 체결되었습니다. 이 조약의 비밀 각서에는 대한제국의 군대를 해산시킨다는 내용이 담겨있었습니다. 군대 해산이

진행되는 과정에서 시위대 대대장 박승환이 자결하고, 당시 육군 연성학교장이었던 노백린도 자결을 시도했지만 부하의 제지로 실패했습니다. 순국자결의 뜻을 이루지 못하고 육군무관학교장으로 임명된 그는 대한제국 군대 재건을 목표로 군직에 남았지만 1910년 한일합병조약을 막지 못했습니다.

노백린은 군인으로서의 기백과 실력이 뛰어났기에 일본은 식민지로 전락한 대한제국의 군인이었는데도 노백린에게 회유와 협박을 끊임없이 가했습니다. 하지만 그는 모든 제안을 물리치고 자신의 길을 찾아 나섭니다.

상하이 임시정부의 국방부 장관이 되다

노백린은 대한제국이 일본에 국권을 상실하기 전부터 교육구국운동에 관심을 가졌습니다. 그래서 서우학회, 서북학회, 흥사단, 해서교육총회 등에 참가해 애국 계몽 인사들과 교류했습니다. 이때 시작된 안창호와의 교류는 임시정부까지 이어졌습니다.

노백린은 민족 기업 육성에도 힘을 쏟았을 뿐 아니라 국내 최초로 피혁회사와 양화점을 설립해 일본의 경제 침략에 정면으로 맞서 싸우고자 했습니다. 하지만 일본의 막강한 자본력 앞에 계획은 실패로 끝났습니다.

일본 식민지 체제 안에서 국내 활동이 점점 어려워지자 그는

1916년 7월경 망명길에 올랐습니다. 3개월 뒤에는 상하이에서 배를 타고 12월 5일 하와이에 도착했습니다. 노백린은 오래전부터 하와이를 독립운동의 최적지라고 생각했습니다. 하와이에서 독립군 기지를 건설하는 것이 가장 효과적이고 호응도도 높을 것이라고 믿었기 때문입니다.

1903년 한인 노동자들이 인천항을 떠나 하와이 호놀룰루항에 도착하면서 본격적인 집단 이민이 시작되었습니다. 하와이로의 노동 이민은 계속 이어져 1910년 하와이의 한인 수는 4,533명으로 전체 인구의 2.4%를 차지했습니다.

노백린이 망명한 해인 1916년은 초기 한인 이민 사회가 완전히 자리 잡은 시기였습니다. 그래서 한인들이 구성한 각종 단체와 언론 기구를 통해 많은 지지와 관심 속에서 독립운동을 전개할 수 있었습니다.

사실 그가 하와이로 망명한 결정적 계기가 있습니다. 중국에 머물렀던 망명 초기 박용만이 하와이에 대조선국민군단을 창설했다는 소식을 듣고 합류하기로 결심했던 것입니다.

박용만은 대한인국민회*의 하와이 지방 총회가 연무부를 두어 군사 훈련을 하자 이를 확장해 1914년 6월 대조선국민군단을 창설합니다. 운영 자금은 하와이 한인들이 파인애플 농장에서 일해서 얻은 수익금이었고, 당시 미국 정부가 자국 내에서 외국인의

---

* 미주 지역 한인 단체들이 통합해 결성한 조직

◦ 대조선국민군단(출처: 독립기념관)

군사 활동을 금지했기 때문에 목총(木銃)으로 훈련한다는 조건을 걸기도 했습니다.

하와이로 오기 전에 박용만과 교섭한 노백린은 1916년 12월 대조선국민군단에 합류해 별동대의 주임으로 군사 훈련을 담당했습니다. 300여 명의 학도가 낮에는 생업에 종사하고, 저녁에는 제복을 입고 정식 군대와 같은 훈련을 받았습니다. 언젠가 벌어질 일본과의 독립 전쟁에 대비해 하와이에서 독립군이 양성되고 있던 것입니다. 그러나 대조선국민군단은 일본의 외압과 내부 분열로 1917년에 접어들면서 사실상 해체 수순을 밟습니다.

3.1운동이 일어나자 국내외 각지에서 임시정부가 수립되었습니다. 노백린은 여러 임시정부에서 군무 책임자로 임명될 만큼 명성과 실력이 널리 알려져 있었습니다.

○ 이승만 대통령과 노백린 군무총장
(출처: 연세대학교 학술정보원)

1919년 9월 상하이 통합 임시 정부가 출범하면서 노백린은 군무총장, 박용만은 외교총장에 선임되었습니다. 대한민국 임시정부 군무총장이 된 노백린은 하와이와 미국 본토의 한인 청년들을 모집해 시베리아로 보내 군사 교육을 받게 한 후 독립군 군대로 양성하고자 하는 계획을 세웠습니다. 또한 독립 전쟁론에 기초한 군사 계획을 한인 청년들에게 홍보하고자 미국 순방을 준비했습니다. 자신의 계획을 성공시키기 위해서는 무엇보다 상하이 임시정부의 후원이 필요하다고 판단한 그는 10월 1일 이승만이 있던 워싱턴의 구미위원부로 향했습니다.

그는 이승만을 만나 자신의 계획과 임시정부가 향후 전개해야 할 독립운동의 방향에 대해 협의했습니다. 하지만 시베리아에서 독립군 군대를 만들려는 이 계획은 미국 정부의 비협조로 이루어지지 못했습니다.

계획이 물거품으로 돌아갔음에도 노백린은 포기하지 않았습니다. 시베리아가 아닌 미국 캘리포니아 북쪽 윌로우스에서 독립군을 양성하는 새로운 계획을 세운 것입니다. 그리고 누구도 생각하지 못한 일을 준비했습니다. 일본과의 독립 전쟁에 투입될 한국인 전투 비행사, 즉 공군 양성을 위한 비행학교 설립이었습니다.

1차 세계 대전에 처음 등장한 군용기를 경험하면서 서구 열강은 항공 전력의 중요성을 인식하기 시작했습니다. 적은 수의 병력으로 큰 효과를 얻을 수 있는 수단이 항공기였기 때문입니다. 노백린도 앞으로의 전쟁은 하늘을 지배하는 자가 승리한다는 확신을 갖고 있었습니다. 미국에서 망명 생활을 하던 당시 미국을 여행한 적이 있는데 그때 거대한 미국의 산업 능력과 하늘을 날아다니는 비행기를 직접 보고는 조국의 독립을 위한 새로운 군대, 독립군 공군의 필요성을 절감한 것입니다.

일본 사관학교 출신 노백린은 그 누구보다 일본의 약점을 정확하게 알고 있었습니다.

"일본은 육군과 해군의 능력이 매우 강하지만 아직 하늘에 비행기를 본격적으로 날리지는 못하고 있다."

일본이 공군에 취약하다는 것을 간파한 노백린은 비행사를 양성해 일본 천황궁을 저격하겠다는 거대한 프로젝트를 준비했습니다. 이를 실행하려면 일본의 영향력이 미치지 않는 최적의 장소를 찾아야 했습니다. 그곳은 바로 미국 캘리포니아였습니다.

조선인 최초 독립군 비행사 양성에 힘쓰다

비행사 양성을 위해 가장 먼저 해야 할 일은 무엇일까요? 당연히 비행학교 설립입니다. 학생을 가르칠 수 있는 교관과 타고 연습할 비행기도 필요합니다.

1920년 2월 5일 노백린은 비행 훈련을 지도할 교관을 초빙하고 비행학교의 실상을 파악하기 위해 캘리포니아 레드우드비행학교를 찾아갔습니다. 당시 그곳에 재학 중인 오림하, 이용선, 이초 등을 만나 비행학교 창설과 운영에 관해 의견을 나누고 이들이 빨리 비행기 조종술을 배워 후진 양성을 할 수 있는 교관이 되도록 지원했습니다.

한 명의 조종사를 양성하려면 얼마나 많은 노력과 비용과 시간이 필요할까요? 공군 소위로 임관해 우리나라 최신 전투기 F-15K 조종사가 되기까지 투자 비용은 약 21억 3,000만 원, 이 조종사가 공중 급유와 야간 저공비행, 작전에서 다른 전투기를 지휘할 수 있는 10년 차 베테랑이 되기까지는 약 74억 4,000만 원이 든다고 합니다.

노백린은 이 천문학적인 비용을 어떻게 조달했을까요? 비행학교 설립에 숨겨진 또 다른 주역이 있습니다. 미국 신문에서 '쌀의 왕(Rice King)'이라고 소개한 김종림입니다. 1886년 함경남도 정평에서 태어난 김종림의 집안은 대대로 농사를 지었습니다. 그러던 중 국운이 기울고 흉년이 겹치자 1906년 하와이 사탕수수 농장

◦ 레드우드비행학교의 비행 훈련장 전경

으로 이민간 뒤 이듬해 캘리포니아로 건너갔습니다. 캘리포니아
에서 철도 건설 노동자로 일하다가 1912년부터 샌프란시스코에서
벼농사를 시작한 그는 농사에 뛰어난 수완을 보였고 전쟁 특수까
지 누리면서 매해 엄청난 수익을 올렸습니다. 수백만 평의 농장을
소유한 대농장주가 된 김종림은 임시정부에 거액의 후원금을 보
내는 등 여러 독립운동 단체를 지원했습니다.

　노백린은 캘리포니아주 북쪽의 소도시 윌로우스에서 김종림
을 만났습니다. 새로운 비행 군단 창설의 필요성을 역설하는 노백
린의 열정에 크게 감명을 받은 김종림은 그 자리에서 비행기 구
입과 시설비 등의 명목으로 2만 달러를 기부했고, 매달 3,000달러
의 운영 자금을 지원하기로 약속했습니다. 당시 600달러로 최고

○ 김종림

급 승용차 한 대를 구매할 수 있었으니 오늘날로 치면 매달 스포츠카 4~5대를 살 수 있는 금액을 지원한 것입니다.

김종림의 지원으로 노백린은 2년 전 폐교한 퀸트학교를 사들여 학교 건물과 활주로로 사용할 16만 2,000m²의 부지를 확보했습니다. 이뿐 아니라 활주로 건설과 연료 탱크, 천막 설치 등 모든 시설 경비를 지원받았습니다. 학생들을 위해 군복, 모자, 군화 등 군인에게 필요한 물품을 샌프란시스코에 가서 직접 사오기도 했습니다.

1920년 5월 드디어 윌로우스비행학교가 개교되었습니다. 교관으로 레드우드비행학교의 브라이언트가 초빙되었고 이용선, 오림하, 이초 등이 교관으로 합류했습니다. 학생은 노백린의 독립 전쟁론* 연설에 감회를 받아 지원한 시카고에서 온 한인 청년 여덟 명과 스물네 명의 한인 청년이었습니다.

노백린은 비행학교 설립과 함께 독립군단을 창설해 윌로우스에 있던 300여 명의 한인을 군대로 편성하고 독립군으로 양성하고자 그의 지휘 아래 매일 일정한 시간에 군대 훈련을 실시했습니다.

---

* 노백린은 하와이에서 윌로우스로 가는 동안 독립 전쟁은 우리 손으로 끝까지 해나가야 하며 일제와 전쟁을 하는 것 외에는 독립의 방법이 없다고 강조했다.

1920년 6월 22일 첫 번째 비행기가 도착하자 비행술 실습이 시작되었습니다. 이틀 후에는 노백린이 레드우드에 직접 가서 구입한 비행기가 도착했습니다. 당시 사용한 비행기는 스탠다드 J-1 기종*이었습니다.

1920년 9월 9일 자 보고서에 따르면 윌로우스비행학교에는 최첨단 훈련기인 스탠다드 J-1 기종을 포함해 무선 전신 장치가 있는 온전한 비행기 다섯 대가 있었습니다. 이 비행기에는 태극 마크와 함께 대한민국항공대(Korean Air Corps)의 영문 약자로 추정되는 'K.A.C'가 선명하게 새겨져 있었다고 합니다.

1920년 7월 5일에는 한인 동포 200여 명이 참석한 가운데 '한인비행가양성소'라는 교명으로 정식 개교식을 열었습니다. 이전까지 노백린군단, 한인비행기학교, 사관양성소 등 다양한 명칭으로 불렸던 비행학교에 정식 명칭이 생긴 것입니다. 한인비행가양성소 개교식 때 노백린은 다음과 같은 연설을 했습니다.

> "우리 비행사의 궁극적인 목표는 일본 도쿄이다. 독립 전쟁이 일어날 때 우리 공군이 일본에 날아가 도쿄를 쑥대밭이 되도록 폭격하는 것이다. 이 목표를 꿈에라도 잊지 말고 명심불망하여 언제나 전투 출격 태세를 갖추고 훈련해야 한다. 우리는 훈련이 아

---

* 1916년부터 생산된 최첨단 기종으로 당시 6,000달러 정도를 호가하던 미국 스탠다드사의 비행기

∘ 1920년대 초 윌로우스비행학교(출처: 독립기념관)

∘ 국립항공박물관에 전시된 윌로우스비행학교의 훈련기 스탠다드 J-1 모형

니라 실전이다. 실전으로 알고 싸우자."

노백린은 젊은 조종사들과 함께 열악한 환경 속에서도 오로지 조국 독립을 위해 착실하게 훈련 비행을 거듭했습니다. 그 결과 7월 7일 제1회 졸업식이 열렸고, 졸업생은 모두 비행학교의 훈련 교관으로 임명되었습니다.

비행학교의 설립과 군사 훈련 등의 활동은 임시정부 군무총장의 업무였기에 노백린은 이동휘에게 비행학교의 준비 단계부터 보고했고, 한인 청년들이 비행술과 무선 전신학 등 첨단 과학 기술을 익히고 있다는 이 소식은 임시정부를 들뜨게 하기에 충분했습니다. 〈독립신문〉을 통해 비행학교에 대한 기사를 많이 다루었고 김구, 이동휘, 이동녕 등은 육상전뿐 아니라 공중전에서도 대일 항전을 전개할 수 있게 되었다고 기뻐했습니다.

1920년 5월 임시정부에서는 비행기를 이용한 항일 투쟁이 논의되기도 했습니다. 비행기로 국내 각지를 순행해 항일 항쟁 사상을 고취시키는 동시에 독립운동가 중 젊고 우수한 청년들을 미국으로 파견해 비행술을 배우게 하는 구체적인 방침을 세우기도 했습니다. 또한 비상시 요인 구출을 비롯한 다방면으로 활용할 수 있는 방법을 구상했습니다.

한편, 미국에서 노백린의 시간은 끝을 향해 가고 있었습니다. 노백린은 이제 겨우 기반을 잡아가고 있는 비행학교를 뒤로하고 상하이로 돌아가야만 했습니다. 임시정부는 정부의 합법성과 신임을 얻고자 상하이에서 활동하지 않지만 지명도가 높은 각료들을 선임했습니다. 하지만 이들의 오랜 부재는 임시정부의 내분 요소로 작용할 우려가 있었기 때문에 주요 각료들에게 상하이로 와서 정식 부임할 것을 요청했습니다. 그중 노백린도 포함되어있었던 것입니다. 제자들에게 비행학교를 맡긴 그는 첫 졸업식이 끝난 다음 바로 상하이로 향했습니다.

노백린이 떠난 후 비행학교는 어떻게 되었을까요? 노백린과 김종림의 원대한 계획은 1년여 만에 좌절되었습니다. 1차 세계 대전이 끝나자 곡물 특수가 사라지면서 쌀값이 폭락했고, 1920년 말 캘리포니아주 전역에 대홍수가 일어나 김종림의 농장이 파산 위기를 맞이했기 때문입니다. 비행학교의 또 다른 자금줄인 현지 미주 한인들 또한 미국 경제가 급격하게 악화되면서 파탄 지경에 이르렀고 임시정부도 일본의 집요한 방해 공작으로 자금 사정이 악화되었습니다. 결국 비행학교는 개교 1년 반 만인 1921년 4월 중순경 문을 닫았습니다.

미국에서의 비행사 양성 계획은 중단되었지만 독립운동에 항공기가 꼭 필요하다는 인식은 깊게 자리 잡았습니다. 윌로우스 한인 비행가양성소 출신들은 다른 비행학교로 유학을 계속했고, 일부는 중국으로 건너가 임시정부 독립군 장교로 활약했습니다. 중국과 일본의 비행학교에서 양성된 한인 비행사들도 독립 투쟁에 가세했습니다. 이들은 해방 이후 혼란스러운 정세와 열악한 기반 속에서 빠르게 공군의 창군이 이루어질 수 있도록 원동력이 되었습니다.

말 타고 군인 정복을 입고 남대문 입성을 꿈꾸다

노백린이 상하이로 돌아왔을 때 임시정부의 상황은 좋지 않았습니다. 임시정부가 통합되는 과정에서 불거졌던 독립운동 노선의 차이, 임시정부의 위치 등의 문제가 지속되었고, 이승만과 안창호 등 지도부 간의 갈등도 심화되고 있었습니다.

1921년 2월 18일 전민단사무소에서 이승만 대통령 이하 각부 총장과 동포 300여 명이 참석한 가운데 군무총장 노백린의 환영회가 열렸습니다. 이 자리에서 노백린은 자신이 생각하던 독립 전쟁론을 말합니다.

> 여러분이 능력 없는 나에게 군무부 총장의 자리를 맡겼으니 나는 이것을 사양할 수 없는 사정입니다. 나는 이미 군사를 맡은 사람이 되었으니 군사의 다소를 상관치 않고 시기가 이르면 단 10명이나 20명이나 있는 대로 함께 나아가 싸울 것밖에 없소. 우리가 독립과 자유를 원하는 이상에는 남녀를 불문하고 우리의 뼈와 피가 다하도록 싸워야만 되겠소.
>
> – 〈독립신문〉, 1921년 2월 25일 자

노백린은 일본과 벌일 전쟁의 승리를 위해 군인을 양성하고 군비를 준비해야 한다고 주장했습니다. 단합, 통일, 협력이 곧 독립 사상임을 내세웠습니다. 이는 당시 독립운동에 있어서 노선과 방법상의 차이로 대립하고 있던 임시정부의 상황을 대변하는 것이라고 할 수 있습니다.

1920년대 임시정부의 활동은 점차 위축되어갔고 독립운동의 노선을 둘러싼 논쟁이 격화되었습니다. 이에 임시정부는 1923년 국민대표회의를 열어 독립운동의 새로운 방향을 모색하고자 했고, 이러한 상황에서 노백린이 국무총리로 추대되어 내무총장 김구와 함께 흔들리는 임시정부를 지휘했습니다.

하지만 그들의 노력에도 불구하고 국민대표회의는 결렬되었습니다. 당시 임시정부는 한 끼 식사도 제대로 하지 못할 정도로 극심한 재정난을 겪고 있었습니다. 중국인들이 버린 채소 쓰레기 더미에서 주운 배추 껍질로 국을 끓여 먹어야 할 정도였다고 합니다. 먹성이 좋았던 노백린은 상하이에서 늘 주린 배를 안고 생활하면서 많은 고통을 느꼈을 것입니다. 하지만 줄곧 낙천적인 기질을 잃지 않았다고 합니다. 자신뿐 아니라 모든 임시정부 요인이 굶주림과 싸우며 독립운동을 전개하고 있다는 사실을 알았기 때문입니다.

국무총리로서 대내외적 임무를 수행했지만 내부 분열과 심각한 재정난이 지속되자 그는 모든 분란의 책임을 지고 모든 직책에서 사임을 표명했습니다. 하지만 임시정부는 계속 그를 필요로 했습니다. 노백린의 뒤를 이어 국무총리로 임명된 이동녕은 그를 다시 군무총장에 임명했습니다. 이후에도 교통총장, 군무총장, 참모총장 등 보직을 맡겼습니다.

50여 년을 군인으로 살아온 노백린도 자신의 건강만큼은 마음대로 하지 못했습니다. 1924년 겨울, 돌이킬 수 없는 병세에 업무를 못하는 날이 늘어만 갔습니다. 병이 깊어진 후에는 대한제국 육군 제복을 입고 "조국 독립"만 외치거나 "말 타고 군인 정복을 입고 남대문에 입성하면 참으로 좋겠다."라는 말만 되뇌었다고 합니다.

 노백린은 입버릇처럼 말하던 남대문 입성, 조국 독립을 보지 못한 채 1926년 1월 22일 허름한 골방에서 평소 가족에게 했던 "국가와 민족을 사랑하라"는 말을 유언으로 남기고 쉰두 살의 나이에 죽음을 맞이했습니다.

칼 대신 펜을 든 사회주의 독립운동가

1992년 이후 여섯 차례나 보훈처에 서훈을 신청했지만 번번이 독립유공자 서훈 대상에서 제외된 인물이 있습니다. 상하이 임시정부 수립에 참여한 애국 활동가이자 〈독립신문〉, 〈동아일보〉, 〈조선중앙일보〉 등에서 언론인으로 활약했지만 조선공산당 중앙위원과 근로인민당 등 사회주의 활동 경력이 발목을 잡았습니다. 그나마 다행인 것은 2005년 해방 60년 만에 '좌파'라는 굴레에서 벗어나 독립운동 공로를 인정받은 것입니다. 사회주의 계열 독립운동가 중 최초로 대전 국립묘지에 안장된 유정 조동호입니다.

독립운동을 시작하다

원래 할 마음이 없었는데 친구가 하니 덩달아 하는 사람에게 '친구 따라 강남 간다'라고 말합니다. 여기에서 '친구'와 '강남'의 진짜 의미는 우리가 알고 있는 것과는 조금 다릅니다. 친구는 '제비'를 의미하고 강남은 '중국 양쯔강 남쪽 지역'을 말합니다.

일제 강점기 친구 따라 독립운동을 같이 한 경우가 있을까요? 3.1운동으로 순국한 유관순 열사에게는 여섯 살 때부터 소꿉친구로 함께 자라 '두(二)순이'로 불릴 만큼 절친했던 친구 남동순이 있었습니다. 이화학당을 다니던 둘은 천안 일대 3.1만세운동을 함께 기획하고 전개하다가 일본 경찰에 붙잡혀 서대문형무소에서 옥고를 치렀습니다. 유관순 열사는 세상을 떠났지만 남동순은 출소 후 중국, 연해주, 몽골 등에서 독립운동을 했습니다.

유관순과 남동순뿐 아니라 친구 따라 독립운동을 한 또 다른 인물들이 있습니다. 조동호와 몽양 여운형입니다. 1892년 충청북도 옥천에서 태어난 조동호는 1905년 신명학교에 입학해 신학문을 배운 후 1908년 경성측량학교에 입학했습니다. 이곳에서 조동호와 여운형의 운명적 만남이 이루어집니다.

당시 경성측량학교는 우편학교와 같은 건물을 쓰고 있었는데 여기서 조동호는 우편학교에 다니는 여운형을 만났습니다. 조동호는 여운형보다 여섯 살 아래였지만 이때부터 의기투합해 평생을 함께한 동지가 되었습니다. 이후 둘은 상하이로 망명해 동제사,

신한청년당, 임시정부, 이르쿠츠크 고려공산당, 한인노병회 등에서 함께 활동했습니다.

조동호는 1910년 경성측량학교를 졸업한 후 측량기사로 일하다가 같은 해 8월 일본에게 국권 피탈을 당하자 울분을 삼키며 항일 투쟁에 대한 마음을 품었습니다. 그러던 중 인생의 전환점이 되는 사건이 중국에서 일어났습니다.

1911년 중국에서는 신해혁명이 일어나 아시아 최초의 공화국인 중화민국이 세워졌습니다. 이 소식을 들은 조동호는 여운형을 찾아갑니다.

"몽양 선생, 이러한 소식을 듣고 한가하게 가만히 있으면 안 됩니다. 지금 우리도 나서서 무엇인가를 해야 하지 않을까요?"

"우리가 결사적으로 나서기에는 규합할 동지도, 무기도 없는데 일제의 강력한 무력 앞에 맨손으로 무엇을 어떻게 하자는 말인가?"

"국내에서 우리의 큰 뜻을 펼치기 어렵다면 중국 상하이로 망명하여 독립운동을 펼쳐야 하지 않겠습니까?"

둘은 독립운동을 결심한 후 1914년 겨울, 상하이로 망명길에 올랐습니다. 상하이에 도착한 두 사람은 프랑스 조계 인근의 여관에 머무르면서 신해혁명에 직접 참여했던 신규식을 만납니다.

조동호와 여운형은 신규식의 지원과 국내에서 언더우드 선교사가 써준 추천서 덕분에 난징진링대학에 입학할 수 있었습니다. 조동호는 사범과 중국어학부, 여운형은 사범과 영문학부에서 수

◦ 난징진링대학

학했습니다.

1917년 졸업한 조동호는 상하이로 돌아와 중국인 황자오가 경영하는 신문사에서 언론인으로 첫발을 내딛었습니다. 당시 황자오가 감탄할 만큼 그의 중국어 실력은 뛰어났습니다.

"자네는 한국인인데 어찌 그리 중국어를 유창하게 잘하나? 꼭 중국 사람의 발음이구만."

"하하하, 제가 중국어과 출신 아닙니까?"

조동호는 중국에서 활동하려면 현지어에 능통해야 한다는 생각에 중국어학부에 입학했던 것입니다.

〈구국일보〉와 〈중화신보〉의 기자가 된 조동호는 반일 의식을 고취하는 기사를 썼습니다. 그리고 어떻게 하면 독립운동에 기여할 수 있을지 고민했습니다. 조동호와 여운형은 그 답을 동제사에서 찾았습니다. 독립 전쟁에 대비해 중국 혁명 세력의 지원을 확보하면서 외교와 교육 활동을 전개하고 있던 동제사 또한 조동호, 여운형 같은 청년 운동가들이 가입하면서 새로운 활기를 띠었습니다.

1차 세계 대전 발발과 종전, 러시아혁명 발발 등 급변하는 세계 정세 속에서 일본은 승전국으로 국제 사회에서 지위가 공고해지고 있었습니다. 세계정세의 변화와 흐름에 촉각을 곤두세우고 있던 동제사의 청년 운동가들은 무력 투쟁이 아닌 외교를 통해 독립을 이끌어내야 한다고 생각했습니다. 이를 위해 새로운 독립운동 단체인 신한청년당을 결성했습니다.

신한청년당은 조동호와 여운형 등의 주도로 우리 민족의 참혹상과 일제의 야만적 침략 등의 내용이 담긴 독립청원서를 영문으로 작성해 파리강화회의에 참석하는 김규식에게 전해주었습니다. 3.1운동 전후로 한민족의 위대한 역사, 일제의 부당한 합병, 한국 독립의 당위성을 호소하는 여러 독립청원서가 작성되었는데 신한청년당의 독립청원서 내용은 여타의 것과 달랐습니다. 파리강화회의에서 영국, 프랑스 등의 승전국이 일본에게 우호적인 태도를 취하는 것을 매우 경계해야 한다는 내용과 민족 자결, 영구적 세계 평화의 정신에 입각해 한국의 독립을 보장해달라는 호소가 담겨있습니다.

외국 열강은 일본이 한국에서 어떻게 통치하는지 알지 못한다.

가혹한 검열로 모든 뉴스가 외부 세계에 도달하지 못하고 있다.
이들(외국 열강)은 일본의 자애로운 보호하에서 아마도 한국이 여
전히 자유롭다고 믿고 있다. … 열강은 일본이 우리 정부를 몰락
시킨 모든 조약들을 승인했기 때문에 불행한 한국인들을 위해
개입할 수 없다.

신한청년당은 각지로 대표를 보내 세계정세를 설명하며 김규
식의 활동을 위한 자금을 모으고 이를 후원할 국내외 독립운동의
전개를 촉구했습니다. 조선 독립을 요구하기 위해 파리강화회의
에 김규식을 파견했다는 소식은 일본 유학생들의 2.8독립선언이
나 국내의 3.1운동 추진에 큰 힘을 실어주었습니다.

〈독립신문〉의 기자가 되다

국내에서 3.1운동이 일어났다는 소식이 전해지자 신한청년당은
임시정부 수립을 위한 준비 과정을 맡았습니다.

신한청년당 출신들은 1919년 4월 11일 상하이 임시정부 수립
에 대거 참여했고, 임시정부의 실무진으로 활약하며 독립운동을
활발하게 전개했습니다. 조동호는 스물아홉 명의 대표 중 한 명으
로 제1차 임시의정원 회의에서 국무위원으로 선임되었습니다. 중
국 신문 기자 출신으로 글이라는 매체의 묘한 매력을 알고 있던

。《한일관계사료집》

그는 임시정부에서 글을 쓰는 곳이라면 어디든 참가했습니다.

그중 임시정부가 한국 독립운동사를 정리하기 위해 임시사료 편찬위원회를 설치해 한국 독립의 이론적 근거를 만들고 일본의 침략 사실과 한국 역사의 우수성을 외국 파견 특사에게 설명하기 위해 《한일관계사료집》을 편찬했는데 이 작업에 조동호도 동참했습니다.

조동호가 능력을 마음껏 발휘했던 분야는 따로 있었습니다. 임시정부가 발행한 〈독립신문〉은 창간 당시 한글 활자가 없었는데 조동호가 성경의 한글 자모를 하나하나 떼어내 직접 활자를 주조한 것입니다. 그가 만든 상하이판 〈독립신문〉은 1925년 11월 11일까지 약 6년 동안 189호가 발행되었습니다.

> "비록 나는 다른 재주는 없지만 자모를 만드는 기술은 있습니다.
> 내가 직접 만들어 역사적인 임시정부의 기관지에 도움이 된다면
> 이 어찌 기쁘고 보람 있는 일이 아니라고 말할 수 있겠소."

만약 조동호가 없었더라면 〈독립신문〉을 창간하고 배포할 수 없었을 것입니다. 활자 문제를 해결하자 또 다른 문제가 발생했습니다. 신문에 글을 쓸 인재가 마땅치 않았던 겁니다. 이번에도

조동호가 나섰습니다. 그는 철혈, 냉열, 철묵, 묵망, 첨구자 등 여러 필명으로 〈독립신문〉에 민족정신을 일깨우는 항일 논설을 실었습니다.

〈독립신문〉 매호마다 1면에 실린 사설, 연재 논설, 단평 등 조동호의 손길이 닿지 않은 지면이 없었습니다. 그중 짤막한 만평인 '군소리'는 상하이에서 벌어지는 독립운동의 내밀한 모습

○ 〈독립신문〉 제116호
(1921년 11월 26일 자)

과 국제 도시 상하이에 사는 일부 한인들의 부조리한 군상을 거침 없이 풍자한 내용이었습니다. 조동호는 '군소리' 지면을 통해 임시정부 요인들의 생활상과 행태에 대해 직언과 비판을 서슴지 않았습니다. 물론 열심히 일하는 임시정부 요인들에 대해서는 격려를 아끼지 않았습니다.

조동호는 우리나라가 독립할 수 있다는 확신을 갖고 있었으며 예언가적인 모습도 보여주었습니다. 우리나라가 독립하려면 미국과 일본 사이에 대립 구도가 생겨야 하는데 곧 미일전쟁이 일어날 거라고 예언한 것입니다.

'언제나 독립이 되나', '언제나 저놈들이 다 가나' 하는 것이 우리 2천만 동포가 밤낮으로 바라고 축원하는 것이다. 또 미일전쟁도 상상치 못할 바는 아니니 한국 독립 문제만으로는 미일전쟁의 원인이 아니 된다 하더라도 위와 같은 여러 원인의 하나 또는 둘이 합해지면 넉넉히 전쟁이 될 가능성이 있다."

– 〈독립신문〉 1919년 11월 1일 24호 '독립 완성 시기'에서

그의 예측이 적중한 것일까요? 1937년에 발발한 중일전쟁이 장기화되자 일본은 전 아시아를 식민지로 삼고자 동남아시아 지역까지 침략했습니다. 1941년에는 하와이의 진주만에 있던 미국 태평양 함대를 기습 공격까지 감행했습니다. 결국 미일전쟁이 발발했고 22년 전 예측은 현실이 되었습니다.

국내에서의 언론 투쟁과 사회주의 투쟁

1920년대 초 상하이 임시정부는 일제의 탄압으로 자금난과 인력난에 시달렸고 외교 활동 역시 강대국의 외면으로 큰 성과를 얻지 못했습니다.

"이렇게 날고, 뛰고, 기어도 독립의 희망이 희박하니 장차 우리는 어떻게 작전을 짜야 획기적인 승리의 그날을 맞이할까?"

조동호는 상하이 체류가 어떤 면에서는 현실에 안주하거나 좌절하거나 후퇴하는 것은 아닌지 끊임없이 염려했습니다. 그러던 중 과거 상하이에서 3년을 같이했던 혁명 동지 장덕수가 주필을 맡고 있는 〈동아일보〉에서 채용 제의를 받고 고민 끝에 귀국을 결

심했습니다. 〈동아일보〉 기자가 되면 일본의 감시에서 벗어나 상하이를 비롯한 세계 주요 국가를 자유롭게 순방할 수 있을 거라고 생각한 것입니다. 그러면 임시정부에 도움이 될 것이고, 조국 광복을 앞당길 수 있는 임무를 수행할 수 있다고 확신했습니다.

임시정부도 조동호가 〈동아일보〉 기자가 되는 것을 환영했습니다. 김구, 이동녕 등은 조동호가 〈동아일보〉에 임시정부 기사와 항일 투쟁의 비화를 실어 민중을 일깨우고 용기와 희망을 안겨주기를 원했습니다. 또한 〈동아일보〉 상하이 특파원이 되어 국내와 상하이를 자유롭게 오가며 정보원 역할까지 해주기를 기대했습니다.

조동호는 상하이를 떠난 지 10년 만에 가족과 상봉하고 1924년 1월부터 〈동아일보〉 기자 및 논설위원으로 활동했습니다. 그가 쓴 기사는 임시정부 관련 내용이거나 조선총독부를 비난하는 것이 대부분이었습니다. 그러다 보니 조선총독부의 검열과 탄압이 나날이 심해졌고, 그는 어떻게 하면 조선총독부의 눈을 피해 민족의식을 고취시키는 글을 게재할 수 있을지 고심했습니다. 조금이라도 강경하거나 항일적인 기사를 쓰면 검열에 걸려 신문사가 문을 닫을 수도 있었기 때문에 은어적인 표현을 구사하려 노력했지만 이는 임시방편에 불과했습니다.

고심을 거듭하던 그 무렵 중국에서 봉직전쟁*이라는 내전이 발

---

* 1922년부터 1924년까지 만주에서 일본의 지원으로 권력을 잡은 장쭤린과 영국과 미국의 지원으로 권력을 잡은 즈리파 사이에 일어난 내전

생했습니다. 조동호가 이를 놓칠리 없습니다. 〈동아일보〉는 일본의 검열과 탄압을 피해 조동호가 항일 논설을 집필할 수 있도록 중국 선양(심양)* 특파원으로 임명했습니다. 1924년 10월 11일 봉직전쟁 기사 취재차 만주로 향한 조동호는 '전지행(戰地行)'이라는 글을 10월 15일부터 12월 7일까지 20회에 걸쳐 연재했습니다.

이 글은 중국의 봉직전쟁 전황을 실감나게 다룬 것 같지만 중국과 우리나라의 관계 그리고 임시정부 소식을 글 사이사이 예리하게 끼워 넣었습니다. 중국 내전을 통해 조선의 독립운동과 희망을 기사에 담았고, 만주에서 활동하는 독립운동 단체들이 통합을 위한 노력을 게을리하고 있다고 비판하면서 단합을 강조하기도 했습니다.

> 만주에 있는 조선인 단체는 많다면 썩 많다. 대한통의부, 대한독립군 또 독립군단 등을 비롯하여 굵직굵직한 것이 10여 개나 되고 또 여간 자잘한 것으로는 이루 헤아릴 수 없이 많다. 무엇이든지 많으면 좋은 듯하나 이 종류의 이것은 적을수록 좋은 것이다. 아니, 덜도 말고 꼭 하나면 되는 것이다. … 아직 남의 내란을 간섭하지 말고 내부 정돈부터 하는 것이 어떠할까.
>
> – 〈동아일보〉 1924년 10월 19일 자

---

* 과거에는 봉천으로 불렸다.

봉직전쟁 취재를 무사히 마치고 국내로 돌아온 지 두 달도 안
되어 조동호는 상하이 특파원으로 파견되었습니다. 임시정부에서
10년 동안 체류했던 조동호가 다시 상하이에 도착했을 때 그의 감
회는 남달랐습니다.

"아! 내가 여길 또다시 올 수 있다니 꿈만 같도다. 독립운동의
동지가 아직도 건재하다니 감개무량하다."

당시 임시정부는 국민대표회의가 결렬되면서 초창기 때 보여
준 영향력이 사라진 상태였습니다. 하지만 김구, 이동녕, 조소앙
등을 만나 원대한 포부와 희망찬 비전을 듣고 국내에 그 소식을
전했습니다.

3.1운동을 거치면서 국내외 민족운동은 사회주의와 민족주의로
분화되었습니다. 민족주의는 민족적 단결을 통해 민족의 이익을 도
모하는 이념이고, 사회주의는 혁명을 통한 차별 없는 평등 사회를
지향하는 이념입니다. 오늘날 우리에게 사회주의 사상은 부정적
이미지가 강하지만 일제 강점기 때 국내외 청년 지식인과 독립운
동가들은 사회주의 사상에 몰두했습니다. 이들은 러시아혁명으로
사회주의 국가가 수립되자 사회주의에 지대한 관심을 보였습니다.

1917년 레닌의 지도 아래 10월혁명*이 일어났고 그 결과로 소
비에트 정부가 수립되었습니다. 이후 레닌 중심의 혁명 정부는 전
쟁을 중지하고 토지 개혁, 산업 국유화 등 사회주의 개혁을 통해

---

* 세계 최초로 공산주의 혁명

1922년 최초의 사회주의 국가인 소비에트 사회주의 공화국 연방(소련)을 수립했습니다.

10월혁명은 우리나라 독립운동가에게 충격 그 자체였습니다. 일제의 폭압과 어두운 전망 속에서 방황하던 독립운동가에게 민족적·계급적 평등을 내세우는 소비에트 사회주의 공화국 연방의 등장은 희망의 불빛과도 같았습니다. 3.1운동 전후 제국주의 열강에게서 더 이상 기대할 것이 없다는 분위기 속에 레닌이 각국의 사회주의자들을 연결하는 국제 공산당 단체 코민테른을 조직하고, 각국의 노동운동과 식민지 해방운동을 지원한다고 선언하자 국내외 독립운동가들은 레닌을 최후의 희망으로 여겼습니다.

1920년 초부터 독립운동 방법, 항일 투쟁을 위한 방편으로 사회주의 사상에 관심을 가졌던 조동호는 귀국 후 〈동아일보〉 기자 및 논설위원으로 활동하면서 본격적인 사회주의운동에 나섰습니다. 1924년 11월에는 사회주의 사상 단체인 화요회에 가입했고, 1925년 4월에는 김재봉, 김찬 등과 함께 조선공산당을 창당하고 중앙 집행위원을 맡았습니다. '일제 통치의 완전한 타도와 조선의 완전한 독립'을 첫 번째 현안으로 둔 조선공산당의 독립에 대한 의지는 조동호의 생각과 일치하는 것이었습니다. 조동호는 1925년 6월 조선공산당 대표로 모스크바에 가서 코민테른 정식 승인 획득을 비롯한 다양한 사회주의 활동을 전개하며 조국의 독립을 앞당기기 위해 노력했습니다.

일본은 사회주의 세력이 커지자 불안감을 느꼈습니다. 사회주의운동은 농민과 노동자를 단결시켜 일제를 타도하고자 했고 사유 재산 제도에 바탕을 둔 자본주의 체제를 부정했기 때문입니다. 일본은 치안유지법을 공포해 사회주의운동을 대대적으로 탄압하고 수많은 사회주의자를 구속했습니다. 일본의 강경 정책으로 조선공산당은 세 차례의 해체와 재건 수

∘ 압송되는 조동호

순을 밟다가 1928년 사실상 해체되었습니다. 조동호는 일제의 탄압이 심해지자 모스크바에서 연해주를 거쳐 상하이로 향했습니다.

> "나는 온건한 방법보다는 과격하고 결단적인 힘으로 밀어붙여 조선의 독립을 앞당겨야 한다고 믿어 사회주의에 관심을 갖게 되었다. 나약한 임시정부의 할아버지들만으로는 언제 독립이 될지 예측하기 어려운 실정이다. 나는 서울에 가서 동지와 손잡고 조선공산당을 다시 조직할 계획이다."

조동호는 조국 독립을 위해 조선공산당의 활동이 꼭 필요하다고 여겼고 기회를 엿보아 국내에 조선공산당을 재건할 계획이었습니다. 하지만 1928년 사회주의 활동을 했다는 죄목으로 상하이 일본 영사관 경찰에게 체포되었고 국내로 압송된 그는 경성지방법원에서 치안유지법 위반죄로 4년형을 선고받고 서대문형무소

에서 옥고를 치렀습니다.

독립을 향한 언론인 민족 해방 투사

1932년 10월 출옥과 동시에 다시 펜을 잡고 언론인으로서 활동
을 시작한 조동호는 언제, 어디서, 무슨 일을 하든지 언론인으로서
의 사명감을 항상 잊지 않았습니다. 조선총독부의 압박으로 〈동아
일보〉로의 복귀는 물거품이 되었고 항일 논설을 집필했다는 이유
로 다른 신문사에 들어가기도 쉽지 않았습니다.

그래서 신문사를 인수해 항일 투쟁을 이어가기로 마음먹었습
니다. 형 조동석과 사촌 동생 조동순, 조동순의 처남인 충청남도의
갑부 윤희중 등에게 신문 인수 자금을 지원받아 〈중앙일보〉를 인
수해 〈조선중앙일보〉로 이름을 바꾸고 평생 동지인 여운형을 사장
으로 추대했습니다. 〈조선중앙일보〉를 창간하던 날 모든 사원에게
다음과 같이 말했습니다.

"친애하는 신문 동지들이시여! 우리는 이제 국내에서 일제와 맞
싸우게 되었습니다. 지금도 용기를 잃지 마시고 직필로 맞대응
해주시길 바랍니다. 우리는 신문인이고 민족의 지사입니다. 우
리는 언론인입니다. 용기를 백배하셔서 신문 일에만 전념해주
시면 됩니다."

∘ 1936년 〈조선중앙일보〉 논설위원
시절의 조동호

∘ 〈조선중앙일보〉에 실린 손기정의
일장기 말소 사진

조동호는 〈조선중앙일보〉의 편집고문을 맡아 일본을 규탄하는
무기명 논설과 친일파와 내통자, 정보제공자 등 변절의 길로 들어
선 이들을 비판하는 글을 끊임없이 게재했습니다.

일본에게 조동호는 일부러 죄를 뒤집어 씌워서라도 체포해야
하는 인물이었습니다. 기회를 노리던 일본은 조동호가 독립운동
가를 양성할 목적으로 젊은이들을 모아 중국에 유학 보냈다는 이
유로 체포했습니다. 결국 그는 1933년 11월부터 1936년 2월까지
신의주형무소에서 두 번째 옥고를 치렀습니다.

그 와중에 큰 사건이 벌어졌습니다. 1936년 제11회 베를린올림
픽에서 마라톤 종목에 출전한 손기정과 남승룡이 1위와 3위를 차
지해 일제에 고통받던 조선인들에게 희망을 선사한 것입니다. 〈조

∘ 1944년 조선건국동맹 동지들과 서울에서 회합을 갖고 있는 조동호(맨 왼쪽)와
여운형(오른쪽에서 세 번째)

선중앙일보〉와 〈동아일보〉의 기자들은 월계관을 쓰고 시상대에
오른 손기정 선수의 사진에서 일장기를 지워 손기정이 일본인이
아닌 한국인이라는 점을 부각시켰습니다.

조선총독부는 해당 기자들을 구속했고 〈동아일보〉는 무기 정
간, 〈조선중앙일보〉는 1937년 11월 폐간되었습니다. 조동호는 〈조
선중앙일보〉 폐간 이후 경상북도 봉화의 광산으로 피신해있다가
1944년 8월 여운형, 김진우 등과 함께 조선건국동맹을 결성했습
니다. 이들은 일제의 패망을 확신하고 항일 무장 단체와 연계해 나
라 안팎에서 폭동을 일으킬 계획을 세우며 작전을 모색했습니다.

1945년 8월 4일 조동호는 일본의 예비 검속*으로 투옥되어 감옥에서 해방을 맞이했습니다. 8월 16일 출옥했지만 고문 후유증으로 건강이 악화되어 모든 공직에서 사임했습니다.

건강을 추스른 그는 유정정치학교를 설립해 350여 명의 인재를 양성하고, 실업자동맹을 설립해 일자리 창출을 위해 피나는 노력을 했습니다. 하지만 1947년 7월 19일 서울 혜화동 로터리에서 여운형이 괴한의 총탄에 맞아 사망하자 모든 사회 활동을 접고 충청북도 옥천으로 낙향했습니다. 이후 조동호는 투병 생활 끝에 1954년 9월 11일 예순세 살의 나이로 생을 마감했습니다.

민족의 앞날을 예견하고 조국의 독립을 위해 평생을 바친 조동호는 13년에 걸친 언론 활동을 통해 동포에게는 희망과 긍지를, 일본에게는 간담을 서늘하게 만든 민족 투사였습니다.

분단 현실에서 사회주의운동 전력이 장애가 되어 뒤늦게 독립운동가로 인정받은 만큼 오랫동안 우리의 기억에 남기를 바랍니다.

---

* 일제가 범죄 방지 명목으로 죄를 저지를 개연성이 있는 사람을 사전 구금하는 것을 규정한 법률

대한민국 임시정부의
숨은 살림꾼

열심히 일해서 받은 월급을 나라를 위해 고스란히 바치기는 쉽지 않을 겁니다. 그런데 힘들게 번 월급으로 임시정부 요인들의 끼니를 챙긴 인물이 있습니다. 뛰어난 외국어 능력과 탁월한 문장력, 세계정세를 읽는 통찰력을 발휘하면서 임시정부의 살림꾼으로 종횡무진 활약했던 일파 엄항섭입니다.

언어 천재, 임시정부 요인들의 끼니를 해결하다

무려 518년이나 지속되어 학문, 예술, 과학, 기술 등 다방면에서 뛰어난 인재가 많았던 조선 왕조에 누구도 범접 못할 '천 년에 한 명 나올까 말까 한 천재'가 있었습니다. 조선 초기 문신이자 언어학자, 외교관이었던 신숙주입니다. 세조의 킹메이커이자 세종을 도와 한글 창제에 기여한 신숙주가 천재적인 능력을 발휘한 분야는 어학이었습니다. 중국어, 몽골어, 여진어, 일본어 등에 능통했을 뿐 아니라 인도어, 아라비아어도 터득했다고 합니다. 당시 조선과 교류했던 나라의 언어를 거의 다 구사했던 거지요. 신숙주의 뛰어난 언어 구사 능력은 외교에도 큰 기여를 했습니다. 독립운동가 신규식과 민족주의 사학자 신채호 등이 그의 후손입니다.

임시정부에도 신숙주처럼 뛰어난 언어 구사 능력으로 독립운동에 힘을 보탠 인물이 있습니다. 바로 엄항섭입니다. 1898년 경기도 여주 금사면(현 산북면) 주록리에서 태어났다는 기록 외에 그의 성장 과정은 정확하게 알려져 있지 않습니다. 1919년에 보성법률상업학교*를 마친 기록이 있을 뿐습니다.

엄항섭은 3.1운동을 계기로 본격적으로 독립운동에 투신했습니다. 1919년 3월 1일 보성법률상업학교 학생이었던 그는 온 국민이 자주 독립을 부르짖는 모습을 보면서 독립운동에 헌신하기로 결심했습니다. 국내에서는 일제의 탄압으로 자신의 뜻을 펼치기 어렵다고 판단해 망명을 준비한 그는 스물두 살의 젊은 나이에 상하이에 도착했습니다. 당시 임시정부는 이미 수립되어있었습니

---

* 보성전문학교의 옛 이름으로, 오늘날 고려대학교의 전신

° 보성법률상업학교

다. 그곳에서 평생 존경하고 따랐던 김구를 처음 만난 엄항섭은 애
정과 열정을 다 바쳐 활동했습니다. 하루도 빠지지 않고 임시정부
에 오는 그를 보고 경비원조차 감탄했습니다.

"당신은 열정이 참 대단하오. 그렇게 매일 임시정부 청사를 출
퇴근한다고 무슨 특별한 일이 생길 것이나 있겠소. 당신처럼 매일
일정한 시간에 오고가는 사람은 처음 보는 것 같소."

엄항섭의 열성은 임시정부 요인들에게 고스란히 전해졌습니
다. 그런데 엄항섭은 임시정부에서 그리 오래 활동하지 못했습니
다. 학업에 대한 열정도 남달라 항저우의 지강대학에 입학했기 때
문입니다. 그는 그곳에서 영어, 중국어, 프랑스어, 일본어 등의 어
학을 공부했고, 여러 언어를 자유자재로 구사하는 고급 엘리트가
되어 1922년 다시 상하이 임시정부로 돌아왔습니다.

임시정부는 전과 달리 영향력이 사라진 상태로 겨우 명백만 유지하고 있는 실정이었습니다. 사람들이 떠나자 생존과 직결된 문제가 발생했습니다. 독립운동 자금이 줄면서 청사의 집세는 물론 몇 안 되는 임시정부 요인들의 끼니조차 마련하지 못할 정도로 살림살이가 어려워진 것입니다.

경제적 위기를 극복하려면 돈을 벌어야 하지만 중국에서 한인이 직업을 갖는다는 것은 쉬운 일이 아니었습니다. 이런 상황에서 엄항섭은 조국 독립을 위해서는 임시정부가 어떻게든 존립해야 한다고 생각해 재정 문제를 해결하기 위해 직접 나섰습니다.

대학에서 배운 외국어를 활용해 프랑스 조계 공무국에 통역원이자 형사로 취업해서 임시정부 요인들의 끼니를 해결한 것입니다. 프랑스 조계의 공무국을 통해 일본의 움직임도 파악할 수 있었습니다. 당시 상하이 일본 영사관이 임시정부 요인을 체포하려면 사전에 프랑스 조계 당국의 양해를 얻어야 했는데 엄항섭은 이러한 정보를 입수해 미리 임시정부 요인들을 피신시켰습니다. 어떤 사람들은 그가 없었다면 임시정부는 벌써 와해되었을 것이라고 말합니다. 그만큼 임시정부에서 엄항섭의 역할과 영향력은 컸습니다.

엄항섭은 뛰어난 능력뿐 아니라 인성까지도 나무랄 데 없었습니다. 이동녕은 매사에 예의 바르고 부지런한 그를 대견해하며 다른 임시정부 요인들에게 자랑하기도 했습니다.

"엄항섭 같은 부지런한 청년은 처음 보았고, 예의범절이 이토록 갸륵한 이는 매우 보기 드물다고 보오. 아무튼 대견하오. 우리

∘ 전장에서 김구(왼쪽), 이동녕(가운데), 엄항섭(오른쪽)

임시정부의 보배라니까."

'바른 청년'이라는 단어는 엄항섭을 가장 잘 나타내는 표현이
었습니다.

김구의 그림자가 되다

국가 원수이자 행정부의 수반인 대통령은 나라의 중요한 문제
를 결정할 권한을 갖고 있지만 혼자서 모든 것을 결정하기는 어렵
습니다. 그래서 믿음직하고 충직한 사람이 자신의 눈과 귀가 되어
주기를 원합니다. 동서고금을 막론하고 모든 권력자가 측근을 둔
이유이기도 합니다.

국민대표회의 결렬 이후 사실상 김구가 임시정부를 이끌어 나갔습니다. 그런 김구에게 그림자와도 같은 존재이자 측근 중에 최측근이 엄항섭이었습니다. 그래서인지 임시정부 사진을 보면 김구의 옆줄 아니면 뒷줄, 즉 김구의 근처에 항상 그가 있습니다.

스물두 살에 상하이로 망명 온 엄항섭은 법무부 참사가 되어 본격적인 활동을 시작했습니다. 당시 내무부 경무국장이었던 마흔세 살의 김구는 내무총장이나 내무차장 등의 자리가 공석이 되면 그 업무까지 대신 처리해야 했습니다. 심지어 신문관, 검사, 판사, 형 집행관 업무까지 담당했는데 그때 법무부 참사였던 엄항섭과 자주 대면하면서 친분을 쌓았습니다. 엄항섭은 자신보다 스무 살 이상 나이가 많은 대선배 김구의 업무 능력과 지도력을 지켜보면서 그를 존경하고 따랐습니다.

임시정부는 독립운동의 새로운 방향을 모색하기 위해 1923년 국민대표회의를 개최했지만 창조파와 개조파의 대립으로 혼란을 거듭하고 있었습니다. 김구는 내무총장 직권으로 국민대표회의 해산을 명하고 혼란을 수습하고자 강한 지도력을 발휘했습니다. 이때부터 엄항섭은 김구의 측근으로 의정원 업무, 정당 업무, 국무원 업무 등 가리지 않고 김구의 보좌관 역을 수행했습니다. 엄항섭은 김구가 있는 곳은 물론 김구가 속한 정치 세력에도 항상 소속되었습니다. 한마디로 김구의 생각이 곧 엄항섭의 생각이 되었고, 엄항섭의 생각이 곧 김구의 생각이 되었습니다. 엄항섭은 김구의 비서관이자 그림자와도 같은 존재였습니다.

　。 충칭에서 임시정부 요인들의 기념사진
　　(엄항섭은 앞줄 왼쪽에서 두 번째, 김구는 앞줄 왼쪽에서 네 번째)(출처: 독립기념관)

　　1926년 12월 임시정부 국무령에 취임한 김구는 무정부 상태에 빠진 임시정부를 활성화시킬 방안으로 헌법을 개정하고자 했습니다. 오늘날에도 헌법 개정 문제는 국가의 초석을 다루는 중대한 문제입니다. 임시정부에서도 헌법을 개정하는 일은 결코 쉽지 않았습니다. 김구는 이를 위해 자신의 의도를 누구보다도 잘 아는 엄항섭을 헌법 기초 위원 중 한 사람으로 삼았습니다.

　　1927년 4월 11일 김구의 주도로 '대한민국 임시 약헌'이 제정 공포되었습니다. 개정한 헌법의 핵심 내용은 모든 국무원이 주석을 차례로 맡는 국무위원 집단 지도 체제를 시행한다는 것이었습니다. 김구는 헌법 개정을 통해 대통령제, 국무령제가 갖는 단일 지도 체제의 폐단을 극복하고자 한 것입니다.

임시정부는 재정 문제를 해결하기 위해 동포들에게 독립운동 자금을 구하고자 했습니다. 김구는 만주, 러시아, 일본에 사는 한인 동포들에게는 지원받기 어렵다고 판단하고 미국 본토와 하와이, 멕시코, 쿠바에 거주하고 있는 미주 한인 동포들에게 희망을 걸었습니다. 이들은 수도 적고 대다수가 노동자였지만 조국 독립에 대한 열망과 애국심은 그 누구보다 강렬했기 때문입니다.

김구는 그들에게 서신을 보내 임시정부에 대한 관심과 후원 성금을 얻고자 했지만 정식으로 영어 교육을 받은 적이 없어 영문으로 편지를 쓰는 것이 불가능했습니다. 이때 영어뿐 아니라 중국어, 프랑스어, 일본어 등을 완벽하게 구사할 수 있었던 엄항섭이 나섰습니다. 김구가 임시정부의 현 상황을 설명하고 동정을 구하는 편지를 쓰면 엄항섭은 미주 한인 동포들의 주소와 성명을 파악해 영문으로 편지 겉봉을 작성했습니다. 미주에서 활동하는 독립운동가들에게 후원금 송금 부탁, 임시정부의 선전자료 교부, 샌프란시스코에서 발행되는 〈신한민보〉에 임시정부 기사 게재 부탁 등이 주된 내용이었습니다.

수신인이 없어서 반환되는 경우도 더러 있었지만 회답하는 미주 동포들이 점차 늘어났습니다. 〈신한민보〉에 '광복군 후원 모금'을 고정란으로 마련하자 시카고와 쿠바 교민, 멕시코 애니깽 농장의 한국인 이민자들도 독립운동 자금을 송금했습니다. 시카고의 김경은 "집세를 주지 못해 임시정부 문을 닫게 되었다."는 보도를 보고 즉시 한인 단체를 소집해 미화 200여 달러(현재 가치로 5,000만 원 정

∘ 신한민보(출처: 국립민속박물관)

도)를 보내주기도 했습니다. 김구는 돈도 돈이지만 한인 동포들의 정성에 고마움을 느꼈습니다.

김구를 그림자처럼 따라다니면서 거의 모든 독립운동 사업에 관여한 엄항섭은 김구의 명의로 발표된 선언문 작성, 통역, 대외 홍보 활동, 대한민국의 독립 의지를 세계만방에 알리는 기사 작성과 번역 등에도 참여했습니다.

임시정부의 파수꾼이 되다

'경계하여 지키는 일을 하는 사람' 또는 '어떤 일을 한눈팔지 않고 성실하게 하는 사람'을 비유하여 '파수꾼'이라고 합니다. 아마 임시정부의 파수꾼이라는 칭호가 가장 잘 어울리는 사람은 엄항섭일 것입니다.

3.1운동으로 비폭력 투쟁의 한계를 경험한 독립운동가들 사이에서는 무력 투쟁이 광복의 지름길이라는 인식이 확산되었습니다. 그 결과 독립군 부대는 물론이고 개인 폭력 투쟁을 전개하는 단체가 조직되었는데 1919년 만주에서 결성된 김원봉의 의열단이 대표적입니다.

1931년 임시정부의 한인애국단이 그 전통을 이어갔습니다. 엄항섭은 김구가 조직한 한인애국단에 참여했고, 이봉창과 윤봉길의 의거를 적극 지원했습니다. 그는 이 두 의거가 향후 임시정부의 독립운동에 끼칠 영향을 정확하게 알고 있었습니다. 엄항섭은 윤봉길 의거를 앞두고 김구, 이동녕 등 임시정부 원로들에게 다음과 같이 말했습니다.

> "제가 프랑스 공무국의 분위기를 살피겠으니 염려 마시고 공작을 결행하십시오. 이봉창 의사가 뜻을 이루지 못하였으니 기필코 이번에는 성공해야 합니다. 우리나라의 운명이 걸려있는 문제입니다."

1932년 1월 8일 천황 암살을 시도한 이봉창의 의거는 실패했지만 일본의 심장부에서 벌어진 이 사건은 큰 충격을 주었습니다. 같은 해 4월 29일 윤봉길은 상하이의 홍커우공원에서 열린 천황의 생일과 상하이사변 승전 기념식에 폭탄을 던져 일본군 장성과 고관들을 살상했습니다. 윤봉길 의거 이후 상하이 프랑스 조계에서는 일본의 대대적인 한인 검거가 일어났습니다. 일본은 이봉창, 윤봉길 의거의 배후에 임시정부가 있음을 알아채고 거센 탄압을 가했습니다. 김구에게 60만 원(현재 가치로 약 200억 원)이라는 거액의 현상금을 걸고 상하이 프랑스 조계를 급습해 독립운동가들을 잡아들였습니다.

임시정부는 일본의 탄압을 피해 상하이를 떠날 수밖에 없었습니다. 임시정부 핵심 요인들은 항저우, 자싱(가흥), 난징 등 각 지역으로 피신했지만 안창호는 미처 몸을 피하지 못해 일본 경찰에 체포되었습니다. 엄항섭은 본인 또한 생사의 기로에 놓여있었지만 김구를 안전하게 피신시키는 일이 가장 중요하다는 판단하에 피신할 장소를 모색했습니다. 윤봉길 의거가 일어난 그날 저녁 김구와 최측근인 엄항섭, 김철, 안공근은 한국 독립운동에 도움을 준 미국 선교사 피치 목사의 집으로 피신했습니다.

김구는 이런 위급 상황에서도 윤봉길 의거의 진상을 세상에 알리고자 했습니다. 의거와 관련 없는 상하이 한인들이 체포되었기 때문입니다. 일부 반대 의견에도 불구하고 1932년 5월 10일 김구는 한인애국단 영수 명의로 성명서를 발표했습니다. 이 성명서를 토대로 세계 각국은 도쿄 사건과 상하이 홍커우 사건의 주모 계획자가 김구이고, 집행자는 이봉창과 윤봉길이라는 사실을 보도했습니다. 이 성명서 또한 김구와 엄항섭이 함께했습니다. 김구가 두 인물의 행적과 그들이 결행한 의거의 경과와 사실을 국한문 혼용으로 작성하면 엄항섭은 중국어로 번역해 중국의 여러 신문으로 보냈고 중국의 언론사들은 이 발표문을 보도했습니다.

엄항섭은 피치 목사 집에 20여 일간 머물면서 중국 측과 교섭해 자싱의 주푸청 집에 김구의 피신처를 마련했습니다. 이동녕, 김의한 가족과 함께 그곳으로 가 자리를 잡은 후 김구를 모셔왔습니다. 당시 일본이 김구에 내건 현상금은 천문학적인 액수로, 일본

◦ 자싱 피난 시절 임시정부 요인들과 도움을 준 중국인 주푸청
(뒷줄 오른쪽부터 주푸청, 엄항섭, 김구, 박찬익, 이동녕)(출처 : 백범김구선생기념사업협회)

인뿐 아니라 중국인과 한국인들도 자칫 현상금에 눈이 멀 수 있는 금액이었습니다. 이런 상황에서 김구가 믿을 수 있는 사람은 최측근뿐이었습니다.

임시정부는 상하이를 떠났지만 새로운 기회를 얻었습니다. 중국 국민당 정부의 지도자 장제스가 윤봉길 의거 소식을 듣고 "4억 중국인이 해내지 못한 위대한 일을 한국인 한 사람이 해냈다."라는 격찬과 함께 김구와의 만남을 원했기 때문입니다.

1933년 봄, 난징에서 김구와 장제스와의 만남이 이루어졌습니다. 엄항섭은 안공근, 박찬익과 함께 김구를 보좌하고 수행했습니다. 이 만남의 결과 중국 국민당 정부로부터 임시정부를 인정받고 적극 지원을 약속 받았습니다. 중국은 임시정부에 매월 5,000원의

◦ 김구(왼쪽에서 두 번째)와 장제스(왼쪽에서 세 번째)

경제적 후원과 한인 청년들이 중국 중앙육군군관학교 낙양분교에서 군사 교육을 받을 수 있도록 지원해주었습니다.

납북 이후 잊힌 독립운동가

윤봉길의 의거 이후 임시정부는 상하이를 떠나 항저우로 이동했습니다. 이후 중일전쟁이 발발하자 임시정부는 전장, 창사, 광저우, 류저우, 치장 등지로 옮겨 다니다가 1940년 9월 중국 국민당 정부가 임시 수도인 충칭에 정착하자 임시정부도 충칭에 자리 잡았습니다. 그 후 임시정부는 헌법 개정을 통해 국무위원 집단 지도 체제에서 주석제로 체제를 바꾸고 김구 주석 중심의 단일 지도 체제로 정비한 후 활발하게 독립운동을 전개했습니다.

임시정부는 가장 먼저 한국광복군을 창설했습니다. 오래전부터 군대를 편성해 대일 항전 계획을 수립했지만 실행에 옮기지 못하고 있었는데 충칭에 정착하면서 본격적으로 추진했습니다. 우선 만주 지역에서 활동하던 독립군과 중국 군관학교를 졸업한 한인 청년들을 기반으로 총사령부를 꾸리고, 1940년 9월 17일 광복군 총사령부 성립 전례식을 거행했습니다. 1907년 대한제국 군대가 해산된 이후 33년 만에 임시정부 직할 군대인 한국광복군이 창설된 것입니다.

엄항섭은 한국광복군 발족을 위한 전례식의 제반 준비와 행사 실무를 도맡아 추진했습니다. 충칭 최고 호텔인 가릉빈관에서 개최된 한국광복군 성립 전례식은 당시 충칭에 있는 외교 사절들을 비롯해 중국 국민당 인사들과 중국군 관계자 등 200여 명이 참석한 대규모 행사였습니다. 이 행사는 일본 공군기의 공습을 피해 아침 7시부터 세 시간 동안 진행되었습니다.

충칭에서도 재정 부족 문제는 여전히 임시정부 활동의 걸림돌이 되었습니다. 중국 정부의 지원이 있었지만 그것만으로는 턱없이 부족했습니다. 한국광복군 대원들의 의식주도 해결할 수 없을 정도였습니다.

이때 엄항섭이 직접 나섰습니다. 그는 다시 한 번 미주 동포에게서 자금을 얻고자 했습니다. 이를 위해 '광복군 총사령부 성립 전례 배관기', '광복군에 관한 보고', '대한철혈남아 사방에서 운집' 등의 글을 작성해 임시정부와 한국광복군이 활발한 활동을 하고 있다는 사실을 미주 교포에게 알리는 일을 도맡았습니다. 이 글들은 미주에서 발행하는 〈신한민보〉에 그대로 보도되었습니다.

엄항섭은 임시정부에서 여러 직책을 역임하면서 실무적인 일을 수행했지만 단 한 번도 자신의 이름을 내세우지 않았습니다. 조국 독립을 맞이할 때까지 그저 무명의 젊은 일꾼으로 묵묵하게 자신의 역할을 했던 것입니다. 국가보훈처는 그를 다음과 같이 평가했습니다.

> 엄항섭은 한국독립당의 중앙집행위원, 임시의정원 의원, 주석 판공실 비서로 활약했지만 이름을 내세우지 않고 실무적 일을 수행했다. 그러나 임시정부에서 추진하는 사업이나 임시정부를 위한 일에 선생이 관계되지 않은 일들이 별로 없었다.

충칭에서 광복을 맞이한 엄항섭은 1945년 11월 23일 김구, 김규식, 이시영, 장준하 등과 함께 환국했습니다. 조국을 떠나 임시정부에 참여해 독립운동에 투신한 지 27년 만에 고국의 땅을 밟은 것입니다.

광복은 되었지만 국토는 남북으로 분단되었고, 임시정부는 미군정하에서 제대로 된 활동을 할 수 없었습니다. 이후 김구와 엄항섭은 극심한 좌우 이념 대립 속에 남한만의 단독 정부 수립이 추

◦ 김일성(왼쪽)과 김구(오른쪽)

진되자 이에 반대하며 북의 김일성에게 통일 문제 협의를 제의했습니다. 남한만의 단독 정부 수립을 지지하는 이들의 격렬한 반대를 무릅쓰고 남북 협상을 진행한 것입니다. 하지만 결실을 거두지는 못했습니다. 남북 모두 정부 수립을 위한 준비가 진행되고 있었기 때문이지요.

1948년 남북에 각각 정부가 수립되면서 우리 민족은 분단되고 말았습니다. 그런데 엄항섭에게는 더 큰 슬픔이 기다리고 있었습니다. 1949년 평생을 모시던 김구가 안두희의 총탄에 맞아 생을 마감한 것입니다. 모든 희망이 사라져버렸습니다.

선생님! 선생님! 선생님은 가셨는데 무슨 말씀하오리까. 우리들은 다만 통곡할 뿐입니다. … 선생님! 선생님! 민족을 걱정하시던 선생님의 말씀을 저녁마다 듣자왔는데 오늘 저녁부터는 뉘게 가서 이 말씀을 듣자오리까. 선생님! 선생님! 민족을 걱정하시던 선생님의 얼굴을 아침마다 뵈었는데 내일 아침부터는 어데 가서 그 얼굴을 뵈오리까. 선생님은 가신대도 우리는 선생님을 붙들고 보내고 싶지 아니합니다.*

김구를 떠나보낸 슬픔이 채 가시기도 전에 1950년 6.25전쟁이 발발했습니다. 전쟁이 한창이던 1950년 9월 납북된 엄항섭은 북에서도 남북통일을 위해 노력했지만 1962년 7월 30일 예순네 살의 나이로 생을 마감했습니다.

엄항섭은 한평생 조국 독립을 위해 헌신했습니다. 자신의 월급을 쪼개가며 임시정부 요인들의 끼니를 챙겼고, 외국어 능력과 탁월한 문장력, 세계정세를 읽는 통찰력을 바탕으로 임시정부의 그림자로 맹활약했습니다. 엄항섭처럼 평범하지만 숨겨진 영웅을 찾아내고 기억하는 것, 그것이 바로 우리의 역할입니다.

---

* 엄항섭, 〈선생이 김구의 영전에 바친 추모사〉 일부 내용

대한민국 임시정부의
법적 소유자

2009년 6월 전라남도 함평군 신광면 함정리에 국내 최초로 상하이 임시정부 청사를 고스란히 재현한 역사관이 문을 열었습니다. 중국 현지의 임시정부 청사가 대도시 환경 개선 사업의 일환으로 철거될 처지에 처하자 함평군이 사업비 22억 원을 들여 중국 현지 청사를 그대로 복원한 것입니다. 연면적 876m², 지상 3층 규모에 달하는 외관뿐 아니라 건물 내부의 집무실, 회의실 등은 물론 책상, 의자까지 100여 년 전 당시 사용했던 것과 똑같은 것을 중국 현지에서 직접 제작해 설치했습니다.

복원된 역사의 중심에 함평 출신 인물이 있습니다. 임시정부 임시의정원 의원, 군무장, 초대 재무장 등을 역임한 일강 김철입니다.

○ 함평 임시정부 청사

상하이 임시정부 청사가 그대로 복원된 장소는 김철의 생가 터입
니다. 김철은 임시정부에서 어떤 일을 했을까요?

전 재산을 독립운동 자금으로 내놓다

　미국의 부자들은 가진 자의 도덕적 의무를 지키는 것을 아주 명
예롭게 생각합니다. 마이크로소프트 창업자인 빌 게이츠와 세계
적인 투자자인 워런 버핏 주도로 미국의 억만장자 마흔 명이 자신
의 재산 50%를 기부하겠다는 서약을 하기도 했습니다.
　한 사람이 평생 쓸 수 있는 돈은 제한되어있습니다. 살아서 다
쓰지 못할 돈이라면 나눠 쓰는 것이 옳지 않을까요? 기부는 부자
의 특권입니다. 그런데 독립운동을 위해 자신의 전 재산을 내놓은

사람이 있었습니다. 바로 김철입니다.

김철은 1886년 전라남도 함평군 신광면 함정리에서 태어났습니다. 어린 시절 영광군 묘량면 외가에서 한학을 공부한 후 1908년 광흥학교에서 중학 과정을 이수했습니다. 당시 광흥학교는 지역 유지들이 세운 사학으로 한일합병 이후 시위를 전개하다 강제 폐교 당했습니다. 이 사건을 계기로 김철은 조국 독립에 대한 열망을 가슴 속에 품었습니다.

1910년 일본은 무단통치로 한반도에 공포심과 위압감을 조성했습니다. 이런 사회적 분위기 속에서 김철은 경성법률전수학교를 마치고 1912년 일본으로 유학을 떠나 일본 메이지대학 법학부에서 학업을 마친 후 3년 뒤 귀국했습니다.

"일본 제국주의자들의 선진 문화를 배우고 저들의 근성을 알지 않고서는 조국의 독립이 어렵다."

김철은 일본을 정확하게 알아야 그들로부터 독립할 수 있다고 생각해 일본 유학을 결심했던 것입니다.

식민 지배 초기 안정적인 통치를 위해 일본 유학생의 협력이 필요했던 일본 경찰은 김철이 귀국하자마자 식민 통치에 협력할 것을 강요했습니다. 이미 독립운동의 굳은 뜻을 갖고 있던 그는 일본의 제안을 거절하고 고향으로 내려갔습니다.

그가 고향에서 가장 처음 한 일은 무엇일까요? 천석꾼의 아들로 남부러울 것 없는 김철은 가족들에게 말했습니다.

"사람이 사람의 권리와 인격을 존중하지 않고서는 아무것도 바

랄 것이 없습니다. 우리 집안이 거느린 가솔들을 모두 해방시키고
자 합니다.”

정말 대단하지 않나요? 대지주의 아들 김철은 집안이 오랫동안
누려온 경제적 특권을 모두 내려놓고자 했습니다. 형제들은 하룻
밤 논의 끝에 그의 뜻을 받아들이기로 결정했습니다.

김철은 고향에서는 무의미하게 세월을 보낼 수밖에 없다는 사
실을 깨닫고 형제들에게 조국 독립을 위해 목숨을 바치겠다는 결
심을 밝혔습니다.

“지금 우리나라 처지는 내일의 일조차 가늠할 수 없게 되었습
니다. 아버지 유산인 농토를 팔아 독립 자금으로 쓰겠습니다.”

이번에도 형제들은 그의 제안을 반대하지 않았습니다. 상의 끝
에 집안 토지를 팔아 독립운동 자금을 마련하기로 결정했습니다.
김철뿐 아니라 그의 형제들도 대단하다는 생각이 듭니다.

식민 통치에 협력하라는 조선총독부의 끊임없는 회유와 협박
으로 국내에서 생활이 어려워지자 김철은 고향으로 돌아온 지 2년
만인 1917년에 상하이로 망명을 떠났습니다. 상하이에 도착한 김
철은 김규식, 여운형, 장덕수, 선우혁, 서병호 등을 만나면서 조국
독립에 대한 열망을 키워나갔습니다.

당시 여운형과 장덕수는 장기전이 될 수밖에 없는 독립운동
에 무엇보다 청년들이 중요하다고 생각했습니다. 김철, 선우혁,
한진교, 조동호 또한 적극 동의했고, 이들 여섯 명이 발기인이 되
어 1918년 8월 20일 신한청년당을 창립했습니다. 신한청년당의

이념은 민족주의, 민주주의, 공화주의, 사회개혁주의, 국제평화주의 등이었고, 20~30대 젊은 독립운동가들의 주도로 소수 정예주의를 내세워 '20~40세, 기성 당원 두 명 이상의 추천'으로 자격을 제한했습니다.

1919년 4월에는 '청년'이라고 할 수 없는 김구, 신규식, 이광수 등이 신한청년단에 가입해 활동을 시작했습니다. 신한청년당은 동제사가 모체가 되어 만들어졌는데 동제사를 조직한 신규식은 신한청년당에서 제작된 글을 자신의 이름으로 발송하면서 적극 지원했습니다.

신한청년당이 활동을 시작하려던 시기의 세계정세를 살펴보면 1914년에 시작된 1차 세계 대전은 1918년 11월 독일이 항복으로써 끝이 났고, 전후 처리를 위해 파리강화회의가 열릴 예정이었습니다. 이에 앞서 미국의 윌슨 대통령은 민족자결주의* 14개조의 내용을 발표했는데 독립운동가들은 민족자결원칙 제5조 내용에 큰 관심을 가졌습니다.

> 제5조 모든 식민지의 문제를 결정함에 있어서는 해당 식민지 주민의 이해가 앞으로 지위가 결정될 정부의 요구와 동등한 비중을 가진다.

---

* 모든 영토와 주권은 각 민족에게 귀속되어야 하며 정치적 운명은 각 민족의 의사에 따라 결정되어야 한다는 주장

윌슨 대통령은 1차 세계 대전이 끝나자마자 대통령 특사 크레인을 중국 상하이에 파견해 중국 측이 마련한 환영대회에서 '파리강화회의에서 전후 식민지 문제는 민족자결주의 원칙에 따라 피압박 민족의 의사가 존중되어 처리될 것'이라고 연설했습니다.

이 연설을 들은 독립운동가들은 만약 파리강화회의에 한국 대표가 참석할 수 있다면 우리 민족의 독립 의사를 발표할 절호의 기회라고 생각했습니다. 신한청년당은 세계정세에 대한 견해를 피력하고 한국 독립의 당위성 및 한국의 피압박 현상 등에 대한 내용을 담아 파리강화회의와 윌슨 대통령에게 보낼 독립청원서 두 통을 영문으로 작성해 한 통은 크레인에게, 다른 한 통은 한국 대표가 파리에 가지 못할 경우를 대비해 〈밀라드 리뷰〉* 사장인 밀라드에게 맡겼습니다. 신한청년당은 파리강화회의에 참가할 한국 대표로 미국 버지니아의 로녹대학 영문과 출신으로 영어에 능한 김규식을 선정했고, 그는 특사 자격으로 1919년 2월 1일 상하이를 출발해 3월 13일 프랑스 파리에 도착했습니다.

파리에서 3.1운동 소식을 접한 김규식은 임시정부가 수립되면서 외교 부장에 임명되었습니다. 이와 함께 이관용, 황기환, 조소앙, 여운홍 등이 파리에 도착해 한국 대표단의 모습이 갖추어졌습니다. 그러나 윌슨 대통령의 민족자결주의는 독일, 오스트리아 등 1차 세계 대전 패전국의 식민지에만 한정한다는 것이 전제였기 때

---

* 상하이에서 발간되던 월간 잡지

∘ 파리강화회의에 파견된 김규식(앞줄 오른쪽에서 첫 번째)(출처: 독립기념관)

문에 승전국 일본의 식민지였던 한국의 민족자결주의 문제는 파리강화회의에서 거론조차 될 수 없는 상황이었습니다.

파리강화회의 참석이 불발되었지만 김규식은 포기하지 않고 독립 외교 활동에 나섰습니다. 파리강화회의에 참석한 각국 대표 및 프랑스의 유력 인사들을 만나 한국의 처지를 설명하고 지지를 얻어내면서 한국 독립 문제에 대한 공감대를 넓혀 나간 것입니다. 김규식의 노력으로 5개월 남짓한 짧은 기간이었지만 프랑스, 러시아, 미국 등의 대표단은 한국 문제에 깊은 관심을 표명했고 한국 대표단을 응원하고 많은 도움을 주었습니다.

신한청년당은 파리강화회의에서 한국의 독립 문제를 제기하려면 일본의 식민 통치를 반대한다는 인상적인 사건이 필요하다고 판단했습니다. 이를 위해 국내, 일본, 만주, 연해주 등 각지에 핵심 요인들을 보내 세계정세를 설명하고, 독립운동의 전개를 촉구했습니다. 독립에 대한 확고한 의지를 국제 사회에 제대로 전달해야 우호적 분위기를 조성할 수 있다고 여겼기 때문입니다.

장덕수와 이광수는 일본으로 건너가 조선인 유학생들의 독립운동을 고취시켜 2.8독립선언에 영향을 끼쳤고, 여운형은 만주와 연해주를 돌며 현지 한인들의 만세 시위운동을 자극했습니다.

김철은 서병호, 선우혁, 김순애 등과 함께 일제의 눈을 피해 몰래 국내로 돌아와 신한청년당 대표 자격으로 천도교와 개신교 지도자들을 만나 독립운동 자금을 모으고 만세운동을 촉구했습니다. 손병희와 함께 3.1운동에 대해 논의한 후에는 영광 불갑사에서 승려로 변장해 은신한 채 고향으로 내려가 집안의 남은 가산을 정리하고 거금 1만 냥(지금의 가치로 6억 원 정도)을 마련했습니다.

이 자금은 훗날 임시정부 요인들의 생활에 큰 도움이 되었습니다. 1919년 국내에서 3.1운동이 일어나자 김철은 동지인 선우혁, 서병호, 현순 등과 함께 다시 상하이로 돌아왔습니다.

신한청년당은 국내에서 3.1운동이 일어났다는 소식을 접하자 독립 임시 사무소를 설치하고 이를 거점으로 일본과 만주, 미국 등지의 독립운동가들을 상하이로 집결시켰습니다. 3월 하순 각지에 파견되었던 모든 당원이 다시 상하이로 돌아오자 임시정부 수립 문제가 본격적으로 논의되었고, 1919년 4월 10일 임시의정원을 구성하고, 4월 11일 임시정부가 수립되었습니다. 첫 임시의정원에서 활동한 스물아홉 명 중 아홉 명이 신한청년단 출신이었고, 이들은 실무진으로 활약했습니다.

김철은 제1회 임시의정원 회의에서 전라도 대표 자격으로 임시의정원에 선출되면서 임시정부에서의 활동을 시작했습니다. 신한청년당에서 재정을 담당한 경험과 임시정부 재정 확충에 누구보다 많이 기여한 그는 제2회 임시의정원 회의에서는 재무부 위원 겸 법무부 위원으로 선출되었습니다. 그리고 곧바로 임시정부 교통부* 차장에 임명되었습니다. 김철은 교통부 총장에 임명된 문창범이 취임을 거부하자 총장직까지 겸해 실질적인 업무까지 처리했습니다. 일본 입장에서 교통부의 주 업무는 하나같이 식민 통치에 걸림돌이었으니 그 조직을 이끌던 김철을 그 누구보다 제거하고 싶었을 것입니다.

초기 임시정부를 운영하는 데 핵심적인 역할과 실무를 담당했던 김철은 임시정부 청사의 법석 소유자이기도 합니다. 1919년 4월 17일 임시정부 청사를 이전할 때 대부분의 경비를 김철과 그의 형제들 그리고 전라도 지방 유지들에게서 모금한 자금으로 해결한 터라 상하이 마랑로 보경리 4호에 있는 임시정부 청사를 김철의 명의로 임대한 것입니다. 또한 김철은 재정을 다루는 데 능하고 상하이에 오래 거주하면서 중국 사정을 잘 알고 있었습니다.

---

* 국내와의 연락, 정보 수집, 국내 동포와 일제의 동향을 파악하고 보고함으로써 임시정부의 활동 방침을 결정하는 데 중요한 역할을 담당한 부서

○ 김철 명의로 임대한 임시정부 청사(출처: 국사편찬위원회)

이것이 바로 김철의 생가 터에 상하이 임시정부 청사 역사관이 세워진 이유입니다.

임시정부를 위해 분골쇄신하다

40대 중반의 회색 양복을 입은 신사, 갈납하고 홀신한 체구 위에 얹힌 사색적으로 깨끗하게 생긴 옥안, 그러나 어디나 툭 터져 보이는 풍모, 2분할의 두발 밑으로 총명을 발하는 우묵한 눈과 뒤뚝한 콧날….*

─────────

* 〈조선일보〉, 1931년 6월 6일 자

〈조선일보〉기자 전무길이 본 김철의 모습입니다. 누가 봐도 멋쟁이였던 그는 임시정부 예하의 여러 단체에서 핵심 인물로 활동했습니다.

수립 초창기에 인력 부족 문제를 겪었던 임시정부는 1920년 육군무관학교*를 설립했습니다. 김철은 무관학교 경험이 전무했지만 당시 임시정부 교통부 차장을 맡아 국내외 연락망 교육이 가능해 약 7개월가량 육군무관학교 교관 및 중대장을 역임했습니다.

1921년에는 중국 각 지역에서 현지인들에게 한국의 독립운동을 이해시키고 협조를 얻어 항일 연합 전선을 구축하기 위해 한중호조총사를 조직했습니다. 한중호조총사의 평의원은 한국과 중국에서 각 10명씩 선정되었는데 김철은 평의원 중 한 명이 되어 중국의 혁명 단체와 주요 인사들이 임시정부를 적극 지원하도록 많은 노력을 펼쳤습니다.

김철은 상하이 교민단장이 되어 임시정부가 항저우로 피신하기 전까지 교민단**에서 활발히 활동했습니다. 상하이 한인 동포들을 위해 교육과 위생, 유학 알선, 직업 소개는 물론이고 임시정부 지원을 위해 군인 모집, 밀정 제거 등의 활동과 상하이에서 개최되

---

* 초급 장교를 양성하기 위한 임시정부의 사관학교. 2회에 걸쳐 총 33명의 졸업생을 배출했다.
** 1918년 동제사 소속의 청년층이 상하이 거주 한인 동포의 친목 도모를 목적으로 만든 상해고려교민친목회에서 시작되었다. 임시정부가 수립된 후 상하이 대한인거류민단으로 이름을 바꿔 임시정부의 자치 기관이 되었다.

° 임시정부 요인과 자녀들(김철은 세 번째 줄 맨 왼쪽)

는 모든 한인 행사를 주관했습니다. 임시정부의 원로 김가진이 사망하자 상하이에서의 장례식 또한 추진했습니다.

1923년 1월 임시정부는 독립운동 노선과 활동을 재평가하고 분열된 독립운동 전선을 통합하고자 국민대표회의를 개최했습니다. 김철은 국민대표회의가 열리기 몇 년 전 독립운동은 각 단체와 국민 모두가 합심해 추진해야 한다는 내용의 글을 기고할 정도로 통합에 힘썼습니다.

국민대표회의 결렬 이후 대부분 인사가 임시정부를 떠났지만 그는 임시정부에 남아 활동을 이어갔습니다. 1924년 5월 국무원 회계검사원 검사장, 1926년 12월 김구 내각에서 국무위원, 1927년 8월 이동녕 내각에서 군무장, 1930년 12월 군무장에 임명되었고,

한인애국단에도 가입해 활동을 지원했습니다.

　1932년 전 세계에 우리의 독립 의지를 알린 거사가 모의되었습니다. 이봉창, 윤봉길 의거입니다. 임시정부 내부에서는 두 의거를 앞두고 매번 치열한 찬반 논쟁이 오갔습니다. 반대하는 쪽은 의거가 실행되면 일제의 감시와 탄압이 더욱 심해질 것이고 상하이에서 활동하는 독립운동가들이 위험에 처할 수 있다고 주장했습니다. 그때마다 김철은 단호한 목소리로 말했습니다.

　"어떤 어려움이 있어도 조국 독립을 앞당길 수 있다면 실행해야 합니다. 이번 거사로 비록 우리가 목숨을 잃는다 해도 독립을 위한 일이라면 기꺼이 결행해야 합니다. 반드시 성공해야 합니다."

　1932년 1월 한인애국단원 이봉창은 일본 도쿄에서 천황의 암살을 시도해 일제에 큰 충격을 주었습니다. 그해 4월 윤봉길은 상하이 홍커우공원에서 폭탄을 던져 일본군 장성과 고관들을 살상했습니다.

　두 의거는 침체에 빠져있던 임시정부에게 큰 활력이 되었습니다. 하지만 윤봉길 의거 이후 임시정부는 일제의 탄압 속에 존폐 위기에 놓이게 되었습니다. 일본 경찰이 두 의거의 배후이자 임시정부의 핵심 지도자인 김구를 잡고자 혈안이었고, 다른 임시정부 요인들의 목숨도 위태로웠습니다. 실제로 일본은 막대한 현상금을 걸어 김구, 김철, 엄항섭, 조소앙, 오완구 등을 체포하려 했습니다.

◦ 임시정부 판공처가 설치되었던 청태 제2여사 자리

김구와 김철, 안공근, 엄항섭은 피치 목사의 집에 잠시 은신하다가 항저우로 피신했습니다. 김구는 일본의 끈질긴 추적 때문에 그들과 헤어져 자싱으로 피신했습니다.

항저우로 이전한 임시정부에 김구는 합류하지 못했습니다. 김구의 빈자리는 김철이 채우며 항저우 임시정부를 이끌어 나갔습니다. 김철은 임시정부의 존망이 자신의 손에 달려있다는 생각에 임시정부의 주요 문서를 품에 안고 상하이에서 항저우로 이동하는 도피 생활을 했습니다.

임시정부는 여전히 건재하게 활동하고 있다는 것을 보여줄 필요가 있었습니다. 1932년 5월 10일 김철은 자신의 숙소인 청태 제2여사 32호실에 임시정부 판공처를 설치하고 업무를 재개했습니다. 이에 존폐 위기에 처했던 임시정부의 법통은 이어졌고 중국 국민당의 도움으로 장생로 호변촌 23호에 다시 임시정부 청사를 마련할 수 있었습니다. 만약 김철이 없었더라면 임시정부의 역사는 상하이에서 끝날 수도 있었을 것입니다.

윤봉길 의거가 일어난 지 2년 후인 1934년 4월 하순 김철은 새로운 정부의 터전을 닦으며 얻은 과로와 급성 폐렴으로 쓰러져 항저우 광자병원에서 치료를 받았지만 6월 29일 오후 6시 그토록 바라던 조국 광복을 보지 못한 채 마흔여덟 살의 나이로 순국했습니다.

여러분이라면 남부럽지 않은 학력과 많은 재산으로 호의호식할 수 있었지만 그 모든 것을 제쳐두고 독립운동을 할 자신이 있나요? 죽음을 앞둔 마지막 순간까지 임시정부를 붙잡고 조국 독립을 위해 분골쇄신했던 김철의 애국혼이 널리 알려지기를 바랍니다.

독립운동가의 아내

김철과 그의 아내 김정자를 보면 '부부는 서로 닮는다'는 말을 실감할 수 있습니다. 결혼한 지 얼마 지나지 않아 남편을 만나기 위해 상하이를 찾아온 아내에게 김철은 이혼을 요구했습니다.

"조국의 독립을 위해 이 한 몸 바치기로 했으니 나를 찾지도 기다리지도 말고 부인의 앞날은 알아서 처신하시오."

냉정하다는 생각이 들지만 김철이 아내에게 매정하게 굴었던 이유는 따로 있었습니다.

1919년 2월 김철은 독립운동 자금 모집을 위해 잠시 국내에서 활동한 적이 있습니다. 그해 11월 임시정부 요인이 체포되는 과정에서 김철의 활동이 알려졌고 그는 곧 일본 경찰의 주요 감시 대상자 명단에 올려졌습니다. 이런 상황에서 아내의 안전을 위해 이혼을 권유했던 것입니다.

김철의 우려대로 국내로 돌아온 김정자는 일본의 감시와 횡포에 끊임없이 시달렸습니다. 1925년 그녀는 '남편의 독립운동에 누가 되지 않겠다.'는 말을 남기고 집 뒷산 소나무에 목을 매어 순절했습니다. 현재 그 소나무는 '단심송'으로 명명되어 보훈 시설로 보호되고 있습니다.

아내의 죽음을 알게 된 김철은 얼마나 고통스러웠을까요? 김철뿐 아니라 당시 국내에 사랑하는 이를 남겨두고 독립을 위해 망명했던 많은 독립운동가가 비슷한 아픔을 겪었을 겁니다. 당사자는 물론 독립운동가 가족들도 큰 고통을 받았다는 사실을 기억해야 합니다.

3부

한인애국단, 임시정부에 활력을 불어넣다

박찬익　　김홍일　　정정화　　백정기

한인애국단, 세상을 놀라게 하다

　　1923년 국민대표회의가 별다른 성과 없이 끝난 이후 임시정부는 독립운동의 중추 역할을 감당하기 어려운 처지에 놓이게 되었습니다. 상당수의 독립운동가가 임시정부를 떠나 독자적으로 활동했고 이승만의 탄핵, 자금난과 인력 부족 등이 겹치면서 지지부진한 상태를 면치 못했기 때문입니다. 당시 임시정부 국무령이었던 김구는 가장 적은 희생으로 큰 성과를 얻을 수 있는 투쟁 방법에 대해 고민했습니다.

　　1931년 조직된 한인애국단은 일제의 주요 인물을 제거하는 의열 투쟁을 통해 임시정부에 새로운 활기를 불어넣었습니다. 한인애국단의 첫 거사는 이봉창 의거입니다. 1932년 1월 이봉창은 일본 도쿄에서 히로히토 천황에게 폭탄을 투척했습니다. 비록 거사는 실패했지만 일본의 심장부에서 일어난 이 사건은 국내외에 커다란 충격을 주었습니다. 이에 대해 중국 언론은 거사가 성공하지 못한 것을 아쉬워하면서 신문에 크게 보도했습니다.

　　일본은 만주 침략에 대한 세계의 관심을 다른 곳으로 돌리기 위해 이를 이용했습니다. 이봉창 의거를 보도한 중국의 반일적인 태도를 구실 삼아 상하이를 침략했고, 일본과의 전면전을 꺼린 중국은 불리한 조건으로 정전 협정을 맺었습니다.

일본은 상하이 훙커우공원에서 상하이사변의 승리와 천황의 생일을 축하하는 기념식을 열었습니다. 이때 또 다른 한인애국단원 윤봉길이 거사를 준비했습니다. 1932년 4월 29일 윤봉길은 기념식 단상에 폭탄을 던졌고, 그 결과 상하이 파견 일본군 총사령관를 비롯한 고관들이 죽거나 중상을 입었습니다. 윤봉길 의거로 중국인의 반한 감정이 크게 완화되었습니다. 중국 국민당 정부 또한 대한민국 임시정부를 승인하고 더 많은 지원을 해주었습니다.

윤봉길 의거 이후 일본의 탄압이 심해지자 임시정부는 상하이를 떠나 항저우로 이동했습니다. 1935년 김구와 주요 요인들은 항저우에서 무정부 상태의 임시정부를 수습하고 곧이어 한국국민당을 창당했습니다. 이후 임시정부는 1940년 충칭에 정착할 때까지 난징, 한커우(한구), 창사 등 중국 각지를 떠돌았습니다.

이 시기 임시정부는 중국 국민당 정부의 적극적인 지원을 받으면서 본격적인 한중 연대의 항일 전선을 구축해나갔습니다. 1933년 중앙육군군관학교 낙양분교에 한인 특별반을 설치해 간부를 양성했고, 여기에서 배출된 졸업생들은 훗날 한국광복군과 조선의용대의 주요 구성원이 되어 중국 본토에서 독립운동을 주도했습니다.

대한민국 임시정부
항일 외교의 수장

1884년 경기도 파주에서 태어난 박찬익은 어린 시절부터 서당을 다니며《사서삼경》을 비롯한 유학 경전을 공부한 후 1904년 서울의 농상공학교에 입학했습니다. 이 무렵 일본은 자국민의 이주를 위해 조선 왕실에 황무지 개간권을 요구했습니다. 이에 맞서 1904년 보안회가 조직되자 박찬익도 가입해 활동했습니다. 보안회는 일본 군경과 무력 충돌까지 벌이면서 맹렬한 반대 운동을 전개했고 결국 조선 왕실이 일본의 요구를 거절하게 만들었습니다.

민족 문제에 눈뜨다

박찬익은 보안회에서 활동하면서 본격적으로 민족 문제에 눈을 뜨기 시작했습니다. 그 과정에서 일본인 교사와 충돌해 농상공학교에서 퇴학당했습니다. 이후 고향으로 돌아간 그는 사립보통학교 통역 교사를 지내며 신민회*에 가입하면서 다시금 일본의 침탈에 맞서 저항했습니다. 그는 회원들은 실력양성운동의 일환으로 민족 교육을 추진하고 민족 산업의 육성에 중점을 두면서 활동했습니다. 특히 각종 계몽 강연을 열어 일반 국민에게 민족의식을 높이고 국권을 되찾아야 한다고 역설했습니다. 이때 박찬익은 황해도를 비롯한 서북 지역을 돌면서 교육계몽운동을 펼쳤습니다.

박찬익이 퇴학당했던 농상공학교는 1899년 고종이 '기술 교육이야말로 국가 존립의 관건'이라는 생각 아래 설립한 우리나라 최초의 과학 기술 교육 기관입니다. 1904년 농상공학교는 공업전습소, 수원농림학교, 선린상업학교로 나뉘었는데 그는 1908년 공업전습소 염직과에 새로 입학했습니다.

이전과 달리 그에게는 안창호라는 든든한 후원자가 생겼습니다. 박찬익과 안창호는 신민회에서 함께 활동하면서 인연이 시작되었습니다. 박찬익은 공업전습소를 다니면서 안창호와 자주 이야기를 나누었습니다.

---

* 애국계몽운동가들이 국권 회복을 위해 조직한 비밀 단체

∘ 농상공학교

∘ 공업전습소 본관

"선생님, 일제의 침략은 군사적, 정치적 침략만이 아니라고 생각합니다. 그것은 이미 경제적으로 진행되고 있고, 어떤 의미에서는 이런 침략이 더 무서운 것일 수도 있습니다. 인간이 생활하는데 가장 기초가 되는 생활 수단인 먹을 것, 입을 것을 뺏기고 나면 그 외의 어떤 생활도 불가능하듯 경제적인 면에서 국부의 기초가 되는 생활 수단인 산업을 일본 놈들에게 빼앗기고 나면 우리는 마치 먹을 것 하나 때문에 주인을 위해 묘기를 부려야 하는 짐승처럼 일본의 꼭두각시로 전락하고 말 것입니다."

박찬익은 공업전습소 재학생을 중심으로 과학 기술 진흥운동에 앞장서면서 남다른 조직력과 지도력을 보여주었습니다. 공학을 연구해 부국강병을 이루며 독립적 과학 기술을 회복하고자 동지들을 모았고, 사회 명사들의 후원을 받아 1908년 우리나라 최초의 이공계 단체인 '공업연구회'를 창설해 초대 회장을 맡았습니다.

공업연구회는 기계공업, 토목, 도기 응용화학, 염직 등이 주축이 되어 회보를 발간했고, 학술 강연회를 열어 일반 국민 대상의 계몽운동에도 힘썼습니다. 우리나라 최초의 과학 기술 잡지인 〈공업계〉를 발간하기도 했습니다.

박찬익은 일본에게 국권 피탈을 당하

○ 공업연구회에서 발간한 〈공업계〉

자 1911년 2월 만주로 망명해 한인 마을 용정촌에 정착했습니다. 그곳에서 가장 먼저 한 일은 교육이었습니다. 만주에서 교육을 통한 민족운동을 전개하고자 몇 달 동안 중국어를 익힌 후 중국 관립 학교의 교사가 되기도 했습니다. 그런데 박찬익은 왜 한인이 설립한 민족 학교에서 교사 생활을 하지 않았을까요? 그는 중국에 망명한 이상 중국인의 협조와 이해를 얻어야만 효과적으로 독립 투쟁을 수행할 수 있다고 생각해 중국 관립 학교의 교사가 된 것입니다.

박찬익은 교사 생활을 하면서 자연스럽게 중국어와 중국인의 문화와 풍속을 익히고 만주 일대에서 벌어지고 있는 여러 정황을 파악했습니다. 이는 훗날 그가 임시정부에서 중국을 대상으로 외교 활동을 전개할 때 많은 도움이 되었습니다. 한편, 만주에 있는 한인 학생들에게 민족의식을 일깨워주기 위해 한인 학교를 순회할 때마다 열변을 토하며 연설했습니다.

"조국이 일제 강점에 병탄되어 고통 받고 있는 민중을 잊지 말고 우리의 숙원인 독립을 분투 노력하여 독립을 관철하자."

박찬익은 일제에 강탈당한 국가를 되살리려면 민족을 하나로 묶을 구심점이 필요한데 국가의 시조인 단군이야말로 가장 알맞은 존재라고 판단해 대종교 신자가 되었습니다. 실제로 나라가 무너질 때 단군을 숭배하는 대종교가 만들어진 이유이기도 하는데, 그래서 이를 '종교 민족주의'라고 부르기도 합니다. 신규식, 박은식, 신채호, 이상룡 등 유학을 따르던 인물들이 대거 대종교로 전환한 이유이기도 합니다.

박찬익은 대종교 신자로서 중광단에서 활발하게 활동했습니다. 중광단은 1911년 대종교 간부들이 국외로 탈출하는 의병들을 모아 조직한 것으로 북만주 지역의 무장 독립 투쟁의 시작점이 되는 단체였습니다. 중광단에는 치명적인 문제가 있었습니다. 무기를 제대로 갖추지 못했던 것입니다. 그로 인해 군사 활동보다는 청년 지사들의 항일 민족의식 고취와 애국운동 함양 등 정신 교육에 치중할 수밖에 없었습니다.

박찬익은 제대로 된 무기가 없는 중광단을 위해 직접 나섰습니다. 1913년 중국 만주 지역을 장악한 군벌 장쭤린의 동생 장쭤상을 만나 무기를 얻기 위한 협상을 진행했습니다.

"장군, 한국의 독립 없이 만주의 독립은 없습니다. 일본은 한국 다음으로 필경 만주를 넘볼 것입니다. 지금 중국 땅에서 펼쳐지는 한국의 독립운동은 결코 한국만을 이롭게 하는 일이 아님을 장군께서 잘 생각하시면 금방 아실 겁니다."

박찬익은 당시 세계정세를 정확하게 파악하고 한반도를 강탈한 일본 제국주의의 다음 침략 목표가 만주라는 사실을 지적했던 것입니다. 실제로 일본은 1931년 만주사변을 일으켜 대륙 침략을 감행했고 이듬해 괴뢰국인 만주국을 세웠습니다.

박찬익은 장쭤상을 설득하는 데 성공했고 중광단은 보병총 300자루, 권총 10자루, 수류탄 150발, 탄환 5,000발 등의 무기를 지원받을 수 있었습니다. 이후 1915년 박찬익은 일제의 탄압이 심해지자 북만주를 떠나 상하이로 이동했습니다. 박찬익은 떠났지

지도 내 텍스트:
중광단 → 북로군정서
신흥강습소 → 신흥무관학교
명동학교
왕칭
옌지
룽징
블라디보스토크
삼원보
백두산
경학사 부민단 한족회 서로군정서
성명회 권업회 대한광복군 정부 대한국민의회

만 중광단의 독립 투쟁은 임시정부의 북로군정서로 개편되면서 만주에서의 무장 독립 투쟁을 계속 이어나갔습니다.

상하이에서 공업연구회를 이끌 당시 박찬익은 후원자 역할을 했던 신규식을 만났습니다. 그 만남에서 박찬익은 신규식의 권유로 동제사에 합류하고 그를 따라다니면서 자연스럽게 중국 혁명가들과 개인적 친분을 쌓았습니다. 훗날 박찬익은 중국 국민당 요인들에게 선배 혹은 동지로 대접받았습니다.

그는 신규식과 함께 동제사를 상하이 독립운동의 중심 기구로 발전시켜 나갔습니다. 그러다 국내에서 독립운동을 지원하고 호응할 조직의 필요성을 깨닫고 동제사의 국내 설치를 준비했습니다. 1917년 박찬익은 국내 조직의 건설과 독립운동 자금 조달 등을 목적으로 국내로 잠입했습니다. 안타깝게도 일본의 방해로 큰 성과를 거두지는 못했지만 국내 유지들로부터 자금을 조달받을 수는 있었습니다. 국내에서 일본 경찰의 감시가 심해지자 박찬익은 상하이, 지린, 선양 등지를 떠돌며 독립운동을 전개했습니다. 그러다 보니 자연스럽게 우리나라 독립운동사의 중요 인물로 성장하게 되었습니다.

한성정부의 평정관에서 임시정부 외사국장으로

1차 세계 대전 이후 승전국의 식민지에서 일어난 최초의 반제국주의 운동이자 이념과 계급의 차이를 초월한 전 민족적 항일운동인 3.1운동은 우리 민족의 독립 의지를 전 세계에 알린 역사적인 사건입니다.

3.1운동을 두 달여 앞둔 1919년 1월 24일, 지린에 있는 여준의 집에서 박찬익을 비롯한 조소앙, 김좌진, 김동삼, 손일민 등이 그간의 독립운동 정황을 설명하고 앞으로의 독립운동을 어떻게 전개할 것인가에 대해 토론을 벌였습니다. 여기서 박찬익과 신규식의 독립선언서 제안이 큰 지지를 얻어 만주와 연해주, 중국, 미국 등지에서 활동 중인 독립운동가 39인의 명의로 대한독립선언서가 발표되었습니다.

대한독립선언서에는 한국은 자주 독립 국가이며 민주 자립 국

° 대한독립선언서(출처: 독립기념관)

가임을 선언하고, 일본은 자기들 섬으로 돌아갈 것을 요구하는 내용이 담겨있습니다. 또한 한인 동포들이 결사적으로 항전해 독립을 되찾아야 한다고 강조했습니다. 외교 독립론이 아닌 전쟁을 통해 독립을 쟁취해야 한다고 주장한 것입니다.

만주에서 대한독립선언서가 발표되자 일본 도쿄에서는 유학생들이 2.8독립선언을 발표하고 조선의 독립을 주장했습니다. 이러한 세계정세 변화에 힘입어 국내에서는 손병희, 이승훈, 한용운 등 민족 대표 33인의 이름으로 독립선언서를 작성해 전국 각지에 배포하고 대규모 만세 시위를 계획했습니다. 여기에서 시작된 만세 시위가 3.1운동입니다. 이처럼 대한독립선언서와 2.8독립선언은 3.1운동의 도화선이 되었습니다.

박찬익은 국내에서 3.1운동이 일어나자 자신이 계획하고 고대했던 일이 이루어졌다고 남다른 감회를 밝혔습니다.

"우리 민족은 죽지 않았다. 기필코 독립은 성취될 것이다. 그렇다! 자손들에게 기름진 땅이며 평화로운 터전을 되찾아주기 위해서는 대가를 치러야 한다. 나도 곧 만세를 부르다 피투성이로 쓰러져간 동포들의 뒤를 따를 것이다."

3.1운동을 계기로 나라 안팎에서는 임시정부를 수립해야 한다

∘ 덕수궁 앞에서의 3.1운동(출처 : 일본 외무성 외교사료관)

는 움직임이 본격적으로 나타났습니다. 이 시기에 수립된 임시정부 중 영향력이 가장 큰 조직이 대한국민의회, 상하이 임시정부, 한성정부였습니다.

한성정부는 1919년 4월 2일 인천 만국공원에서 13도 대표자 회의를 거쳐 4월 23일 정부 수립을 선포했습니다. 여기에서 박찬익은 박은식, 신채호 등과 함께 열여덟 명의 평정관 중 한 명으로 선출되었는데 고작 30대였던 박찬익이 평정관으로 선출된 것은 만주에서 전개했던 그의 독립운동이 국내에도 널리 알려졌기 때문입니다.

박찬익은 항일 투쟁에 있어 군사 활동에 앞서 독립운동의 역량을 결집시킬 조직체가 필요하다는 생각에 그 누구보다 임시정부 수립을 반겼습니다.

"우리는 임시정부를 세워야 한다. 흩어져 있는 모든 독립군과 독립운동가를 한데 묶는, 그리고 이 세력을 통제할 수 있는 임시정부를 조직해야 한다."

그의 소망대로 1919년 9월 한성정부의 법통을 계승하고 상하이 임시정부와 대한국민의회를 통합한 대한민국 임시정부가 탄생했습니다. 박찬익은 통합된 임시정부에 곧바로 참여하지 않고 2년여 동안 만주와 베이징을 오가며 여러 독립운동에 뛰어들었습니다. 그는 독립군들이 겪는 어려움을 잘 알고 있었습니다. 당시 독립군은 항상 무기와 자금 부족에 시달렸습니다. 원활한 항일 투쟁을 위해 무기 구입과 군자금 조달의 역할을 맡은 박찬익은 1919년 12월 말 연해주의 우스리스크에 가기도 했습니다.

일본과의 혈전 없이 독립이 불가능하다는 전제하에 그는 자신이 대중국 외교에 뛰어난 능력을 가졌기 때문에 그 누구보다 무기 구입과 군자금 조달 문제를 쉽게 해결할 수 있다는 자신감이 있었습니다. 자신이 간절히 원하던 독립운동 진영의 단합에 조금이나마 보탬이 되어야겠다는 생각이 컸습니다.

상하이 임시정부에서 직접 활동하지는 않았지만 중국 본토와 만주, 연해주를 오가며 활동한 박찬익의 행보는 임시정부와 깊은 관련이 있습니다. 임시정부 외무총장 신규식과 계속 연락을 취하면서 각 지역에 흩어진 독립운동가들을 상하이 임시정부에 참여시키는 중간 역할을 담당했기 때문입니다. 이처럼 박찬익은 초기 독립운동 진영의 통일과 단결에 큰 기여를 했습니다.

박찬익은 1921년 3월 임시정부 후원회를 결성해 한인 동포들을 임시정부 주위로 결집시키는 한편 자금 마련을 위해 노력했습니다. 그리고 그해 4월부터 본격적으로 임시정부에 합류해 활동을 시작했습니다.

박찬익을 상하이로 오도록 한 인물이 있습니다. 쑨원을 비롯한 중국의 혁명 지사들과 두터운 친교 관계를 맺고 있던 신규식입니다. 임시정부는 설립 초기 외교 활동을 통해 독립을 달성하고자 중국과의 관계 개선을 중요한 외교 업무 중 하나로 인식했고 그 중책을 신규식에게 맡겼습니다. 자신을 보좌해줄 사람이 필요했던 신규식은 중국어에 능통하고 뛰어난 협상가인 박찬익을 상하이로 불러들였습니다. 박찬익은 임시정부에 합류하자마자 임시의정원 경기도 대표가 되었고, 7월에는 외무부 외사국장 겸 외무차장 대리로 뽑혀 외교 업무를 전담했습니다.

박찬익은 대중국 외교에 큰 힘을 보탰습니다. 임시정부가 미국이 주도하는 워싱턴회의에 한국 문제가 의제가 되도록 총력외교를 벌일 때 중국 측의 지원을 염두에 두고 중국 광저우 호법 정부를 대상으로 외교 활동을 전개했습니다. 특히 워싱턴회의를 한 달 앞둔 1921년 10월 신규식이 전권 특사의 자격으로 광저우 호법 정부의 쑨원을 만나러 갔을 때 박찬익은 부사, 민필호는 수행원으로 동행했습니다.

이 만남을 통해 쑨원으로부터 대한민국 임시정부는 일본에게서 독립된 정부로 인정받았고, 워싱턴회의에서의 지원을 약속받았습니다. 아울러 임시정부가 마련한 호혜조약 5관도 승인받았습니다.

이 회담에서 쑨원은 박찬익에게 좋은 인상을 받았습니다.

"어찌 그리 중국어를 유창하게 잘하오. 내가 그것 때문에 임시 정부를 승인해주었소."

박찬익의 중국어 실력에 대한 칭찬은 인사치레였습니다. 실제로는 강직한 성격과 남다른 포용력으로 쑨원의 신임을 얻은 것입니다. 그는 그간의 다양한 외교 협상 경험으로 원활한 대화를 이끌며 원하는 성과를 얻어냈습니다.

박찬익은 1922년 2월부터 호법 정부의 광저우 주재 임시정부 대표로 외교 업무를 담당했지만 호법 정부 내부에서 반란이 일어나 쑨원과 장제스 등 주요 인물들이 해외로 망명을 떠나거나 외국 조계로 피신하는 바람에 중국 혁명 사업을 중단해야만 했습니다. 한편 임시정부가 심혈을 기울인 워싱턴회의에 이승만은 아예 참석도 못했고 이로 인해 임시정부의 외교 활동은 큰 타격을 받았습니다.

상하이로 돌아온 박찬익에게 더 충격적인 일이 기다리고 있었습니다. 조국 독립의 외롭고 험난한 길에서 친형처럼 보살펴주었던 신규식이 죽은 것입니다. 더 이상 상하이에 머물 필요를 못 느끼고 있던 찰나 김좌진이 도움을 요청해오자 박찬익은 미련 없이 만주로 향했습니다.

만주에서는 독립군이 재정비되면서 1923년 압록강 건너 지안(집안)을 중심으로 참의부, 1924년 하얼빈 이남의 지린을 비롯해 남만주의 북부 지역에 정의부, 1925년 북간도와 북만주 지역을 근거지로 신민부가 성립되었습니다. 박찬익은 김좌진과 함께 신민부를 창립했고 외교부 대중 전임 위원이 되어 어려운 사건이 발생할 때마다 해결했습니다.

1925년 조선총독부와 만주 봉천 군벌은 미쓰야협정을 체결했습니다. 이 협약으로 만주에서 활동하는 많은 독립운동가가 체포되었는데 이들의 석방을 위해 박찬익이 직접 교섭에 나섰습니다. 그뿐 아니라 베이징으로 가서 중국 주요 인사들을 만나 한국 독립운동의 자유를 보장해달라고 요청했고, 다시 만주로 돌아와 중국 국민당 만주 책임자인 공페이청을 만나 반군벌 투쟁을 협의하고 백두산 부근의 유력한 마적단인 양우일 부대와도 제휴에 성공했습니다. 박찬익이 상하이를 떠나 만주에서 활동하는 모습을 보면 임시정부와의 인연이 끝난 것은 아닌가 하는 생각이 들기도 합니다.

대중 외교의 최전선에 서다

김구는 임시정부에 새로운 활기를 불어넣기 위해 1930년 1월 25일 한국독립당을 결성했습니다. 스물아홉 명의 발기인 중 박찬익도 포함되었습니다. 박찬익은 한국독립당이 결성되는 시기에 임시정부로 돌아와 자신의 특기인 외교 능력을 십분 발휘했습니다.

임시정부는 1930년 10월《동삼성 한교 문제》라는 책자를 만들었습니다. 주요 내용은 만주 지역에서의 한인 활동을 중국에서 보호해달라는 것입니다. 박찬익은 이 책자를 중국 국민당 지도자인 장제스에게 전달하기 위해 대대적인 외교 활동을 전개했습니다. 1931년 5월 중국 국민당 전당대회에 참석해 의원들에게 책을 나누어주고, 한국 동포의 처우 개선을 교섭하면서 한국 독립운동에 대한 중국 국민당 지원을 요청한 것입니다. 그 결과 장제스에게서 적절한 조치를 강구하겠다는 답변을 얻어냈습니다. 이후 중국 국민당 정부가 국민의회를 개최하자 박찬익은 한국 독립운동의 근황 보고와 후원을 청원하기 위해 직접 난징에서 머물면서 외교 활동을 전개했습니다.

1932년 4월 29일 홍커우공원 의거가 일어나자 일본은 윤봉길의 즉각적인 처리는 물론 배후 인물 검거에 총력을 기울였습니다. 이때부터 박찬익은 외교 활동보다 임시정부 핵심 요인들을 안전하게 피신시키는 일에 힘을 쏟았습니다.

"먼저 웃어른(김구, 이동녕, 이시영)들을 안전한 곳으로 피신시켜야 한다. 그분들이 임시정부의 큰 어른이고 구심점이기 때문이다."

박찬익은 평소 친분이 있던 중국 국민당 간부 천궈푸를 만났을 때 이런 대화를 나눴습니다.

"천궈푸, 내가 왜놈들 손에 잡히지 않고 이렇게 멀쩡하게 찾아와서 미안하구려."

"찬익 형, 그게 무슨 말씀이오? 내가 형에게 잘못한 일이라도 있으면 말씀해주시구려. 말씀을 하셔야 모자란 제가 알지요."

천궈푸의 답변에 기다렸다는 듯 박찬익은 말을 꺼냈습니다.

"잘못이야 우리 한국 혁명가들에게 있지 왜 그대에게 있겠소. 윤봉길 의거로 중국을 침략한 원흉, 여러 놈들을 때려잡아서 그대들의 입장을 괴롭게 한 우리에게 잘못이 있으면 있지, 그 잘못으로 우리가 이렇게 갈 곳도 없이 곤혹을 치르고 있는 거 아니오."

중국 국민당 정부도 입장이 난처했겠지만 두 나라가 공동으로 왜놈을 무찔러야 한다는 것을 강조하면서 임시정부를 돕는 것이 곧 중국 국민당을 위하는 것임을 강조한 것입니다. 박찬익의 말에 천궈푸는 수긍했고 임시정부 요인들을 돕기로 결심했습니다.

박찬익은 천궈푸뿐 아니라 주자화, 우테청, 주푸청 등 중국 국민당 핵심 간부들을 찾아다니며 교섭하고 설득했습니다. 특히 절강성 유지 주푸청은 위험을 무릅쓰고 임시정부 요인들의 거처를 마련해주었습니다. 이러한 박찬익의 노력으로 김구는 자싱으로 피신할 수 있었고 임시정부 요인들은 항저우로 무사히 피신했습니다.

임시정부 청사가 상하이에서 항저우로 옮겨지고 그곳에 임시정부 요인들이 정착하자 박찬익은 안공근, 엄항섭과 함께 중국 국민당 정부와 교섭해 군사 경제적 원조를 받아냈습니다. 그는 외교의 중요성을 자주 언급했습니다.

"우선은 외교적 성과를 거두어야 조국의 광복이 그만큼 앞당겨질 것입니다. 조금 참고 나가면 결과가 우리에게 유리해질 것입니다."

임시정부가 상하이를 떠난 후 한중 연합을 위한 외교의 선봉장 역할을 한 박찬익은 특히 김구와 장제스의 회담 성사에 심혈을 기울였습니다. 1년여의 교섭 끝에 1933년 김구와 장제스의 회담이

○ 중국 중앙육군군관학교 시절의
박찬익(오른쪽)
(출처: 백범김구선생기념사업협회)

이루어졌습니다. 이 회담에서 임시정부는 중국 국민당으로부터 적극적인 지원, 중국 교육 기관에서 한국 청년의 교육, 만주의 독립운동가 지원과 교포의 보호 등을 확답받았습니다. 그중에서도 최고의 성과는 중국 중앙육군군관학교 낙양분교에서 한인 청년들을 육성한다는 합의를 얻어내고, 이듬해 한인 특별반을 설치한 것입니다. 한인 특별반 운영을 위해 만주의 한국독립군 총사령관 지청천을 교관으로 초빙했습니다. 이곳에서 초급 장교로 배출된 졸업생들은 훗날 한국광복군의 주요 구성원이 되어 중국 본토에서 독립운동을 주도했습니다.

1940년 충칭에 정착한 임시정부는 일제와의 최후 일전을 위해 군대 창설을 준비했습니다. 박찬익은 중국 국민당 정부로부터 군대 창설과 지원을 얻기 위해 교섭에 나섰고 결과는 성공적이었습니다. 1940년 9월 지청천을 사령관으로 한 한국광복군이 창설되면서 임시정부는 정당(한국독립당), 정부(임시정부), 군대(한국광복군) 모두를 갖추게 되었습니다.

박찬익은 외교의 최전선에서 오랫동안 활동하면서 독립운동 진영의 단결이 하루 빨리 이루어져야 한다고 강조했습니다. 민족주의 계열의 인사들 위주인 임시정부에서 사회주의 계열의 인사

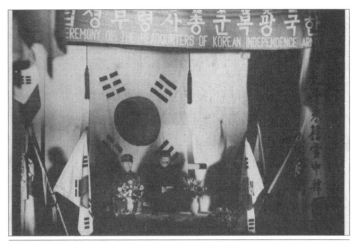

∘ 한국광복군 성립 전례식의 개회를 선포하는 김구(출처: 독립기념관)

들을 받아들이면 외국으로부터 더 많은 지원과 도움을 얻을 수 있을 뿐 아니라 외교 활동에 힘을 실을 수 있다고 판단했습니다.

또한 임시정부에 꼭 필요한 사람이라면 이념과 노선이 다르더라도 받아들여야 한다고 말했고 더 나아가 언제라도 자신의 자리를 내어주겠다는 의향을 밝혔습니다.

"독립운동하러 중국에 왔지 중국 벼슬을 살려고 온 것이 아닙니다. 우리나라가 독립되면 저는 돌아가 아무거나 하지요."

박찬익은 직책을 얻는 것보다 독립운동 그 자체에 의미를 두었습니다. 그에게 그깟 직책은 내주면 그만이었습니다.

실제로 사회주의적 색채가 강했던 김원봉과 김구의 만남을 주선하면서 사상적인 이념 차이를 극복하도록 도왔습니다. 김원봉을 중심으로 하는 의열단은 1935년 중국 본토와 미주의 다섯 개 민족운동 단체를 통합해 민족혁명당 결성을 주도했고, 1938년에는 조선의용대를 조직했습니다. 당시 박찬익은 조선의용대가 임시정부에 합류할 수 있다면 한국광복군이 더욱 활발한 항일 무장 투쟁을 전개할 수 있다고 보았습니다.

박찬익의 노력으로 1942년 김원봉은 임시정부에 합류해 한국광복군 부사령에 임명되었습니다. 그 결과 임시정부는 중국 본토에서 활동하던 독립운동 단체들의 단합과 통합에 한 걸음 더 나아갈 수 있었고 한국광복군의 군사력 또한 크게 강화되었습니다.

박찬익에게 또 하나의 과제가 있었습니다. 한국광복군의 발목을 잡고 있는 '한국광복군 행동 준승 9개항' 문제를 풀어내는 것이었습니다. 임시정부는 한국광복군 창설 당시 재정적 어려움을 겪었기 때문에 중국 국민당 정부로부터 지원을 받을 수밖에 없었고 그 대가로 한국광복군은 중국군 참모총장의 명령과 지휘를 받아야만 했습니다. 임시정부는 명목상으로만 한국광복군의 통수권을 가졌던 것입니다. 군대 통수권을 되찾기 위해 박찬익은 김구와 함께 중국 국민당에서 한국 독립운동 지원 사무를 담당하고 있던 주자화를 찾아갔습니다. 박찬익은 주자화에게 갑자기 서류 봉투를 내밀었습니다.

"이것이 무엇입니까?"

"미국에 가려고 수속을 밟으렵니다. 여권을 내주십시오."

"갑자기 왜 미국으로 가려는 겁니까?"

"중국은 여러 해 동안 항일 전쟁을 수행하느라 수요가 막대하지 않습니까? 거기에 우리 임시정부가 많은 독립운동 자금을 지원해달라고 요청하기가 부담스럽습니다. 그래서 미국으로 건너가 독립운동 자금을 요청해보려고 합니다. 또 미국에는 우리 동포가 많으니 모금도 가능할 것입니다."

박찬익의 거침없는 발언에 주자화는 크게 당황했습니다. 당시 중국 국민당 정부에게 임시정부는 그들이 수행하는 항일 전쟁에 국제적 정당성을 부여하는 상징 중 하나로 대단히 중요한 존재였습니다. 그런데 임시정부가 갑자기 충칭에서 미국으로 건너가겠다고 하니 당황할 수밖에 없었던 것입니다. 그 모습을 본 박찬익은 김구와 함께 사무실을 나와 버렸습니다.

충칭에는 임시정부가 미국으로 건너간다는 소문이 떠돌기 시작했고 중국 국민당의 정보기관 귀에도 이 소문이 들어갔습니다. 얼마 후 중국 국민당 측은 임시정부에게 한국 독립운동에 필요한 충분한 자금 제공 및 한국광복군 행동 준승 9개항을 폐지하기 위한 실무 교섭을 진행하자고 제안했습니다. 박찬익의 책략이 완벽하게 통한 것입니다. 오랫동안 중국인과 교섭하면서 그들의 마음을 읽을 수 있었던 박찬익은 중국 정부를 움직일 줄 알았습니다.

중국 국민당 정부의 제안을 받아들인 임시정부는 박찬익, 조소앙, 김규식을 교섭 대표로 파견했습니다. 그리고 중국 국민당 주요 인사들과의 오랜 논의 끝에 1944년 6월 5일 김구와 장제스의 비밀 회담을 성사시켰습니다. 이 회담에서 박찬익은 통역을 맡았고, 한

° 주화대표단 귀국 기념사진(첫째 줄에서 왼쪽에서 세 번째 박찬익)

국광복군 행동 준승 9개항은 폐기되었습니다. 드디어 한국광복군
이 독자적인 군사 활동을 할 수 있게 된 것입니다.

병마를 얻고서야 조국 땅을 밟다

　1945년 8월 15일 임시정부와 박찬익은 충칭에서 조국 광복을
맞이했습니다. 하지만 중국에서의 활동은 끝나지 않았습니다. 임
시정부의 환국과 그 이후에 일어날 상황을 수습해야 했기 때문입
니다. 이를 위해 임시정부는 해방 직후인 11월 1일 주화대표단을
설치하고 박찬익을 단장으로 선임했습니다.
　박찬익은 주화대표단장으로서 마지막까지 중국에서 외교 업무

를 맡아 한인 동포 사회를 꾸려나갔습니다. 그의 노력으로 중국 각지에 흩어져 있던 한인들은 생명과 재산을 보호받을 수 있었고 이들은 상하이, 칭다오, 톈진 등에서 배편을 통해 국내로 무사히 귀환할 수 있었습니다. 박찬익 또한 되도록 빨리 광복된 조국으로 돌아가고 싶었지만 마지막까지 최선을 다했습니다. 그는 환국한 임시 정부와 중국 정부 사이의 연락을 담당하면서 중국 본토뿐 아니라 만주까지 오가며 동포 사회를 안정시키고 귀국을 주선했습니다.

자신의 건강이 악화되는 것도 모르고 일에 열중했던 박찬익은 1948년에 접어들면서 병세가 더욱 심해지자 치료를 위해 귀국길에 올랐습니다. 약관의 나이에 조국을 떠나 38년 만에 조국으로 돌아온 것입니다. 하지만 모진 고생 끝에 얻은 병마로 조국으로 돌아온 지 7개월 만인 1949년 3월 9일에 세상을 떠났습니다.

"대의에 사는 사람은 항상 소비(小祕)나 소의(小義)나 소이(小利)나 소국(小局)에 구애받지 말아야 하며 더구나 명리를 쫓아서는 안 된다. 모름지기 우리는 공명심을 버리고 조국 독립에 무명의 전사가 되자."

박찬익은 스스로 무명의 전사가 되기를 원했지만 적어도 이 책의 독자들에게만큼은 숭고한 독립 전사로 기억되기를 바랍니다. 만약 해방 이후 박찬익이 국내에 들어와서 건강하게 활동했다면 우리나라의 역사는 어떻게 변했을까요? 그가 가진 탁월한 협상력으로 좌우 대립과 남북 분단을 막을 수도 있지 않았을까요?

한중 진영을 넘나들며 일본과 싸우다

일제 강점기 한국인이지만 중국군에서 활동한 인물들은 적지 않습니다. 일본에게 나라를 빼앗겨 중국으로 망명을 떠난 한국의 젊은이들은 중국의 운남강무당, 보정군관학교, 황포군관학교 등에서 훈련을 받은 후 중국군으로 활동했습니다. 안창남, 최용덕, 권기옥 등은 비행사로 중국 공군의 창설과 활동에 기여했고 이일태, 박시창 등은 중국 육군의 지휘관으로 대일 전쟁에 참전했습니다.

중국의 국민혁명군 동로군 총사령부 참모, 독립경비연대 부연대장, 오송 요새사령부 참모장과 병공창 주임, 공병학교 부관처장, 중국군사위원회 군정부 군수서군수설계위원, 서남수정공서 고급참모, 제102사단 참모장, 제19집단군 총사령부 참모처장, 제19집단군 산하 제19사단 사단장, 구이린의 제2병단 참모장, 한국광복군 참모장, 그리고 일제 패망 후 만주 지역 접수를 위한 동북 보안 사령부 고급 참모…. 마치 중국의 유명한 군인처럼 보이는 이 인물은 일서 김홍일입니다. 중국군과 임시정부 양쪽 진영에서 활동하며 화려한 경력만큼이나 파란만장한 삶을 살았던 그의 이야기를 시작해보겠습니다.

대한제국의 군인을 꿈꾸다

1897년 김홍일이 태어난 평안북도 용천군 양하면 오송동은 압록강 하류에 위치한 중국과 가까운 곳입니다. 신의주를 거쳐 압록강을 건너면 바로 만주 안동이었고, 군사적 요충지인 용암포와도 인접해있었습니다.

김홍일은 일곱 살 무렵 러일전쟁을 겪었습니다. 그가 살던 용천은 러시아군과 일본군이 번갈아가며 점령했던 곳으로 당시 그 일대에서 가장 부유했던 김홍일의 집은 두 나라의 사령부로 이용되었습니다. 일본이 주둔해있을 때 그들의 만행을 지켜보면서 그는 강한 반일 의식과 민족의식을 갖게 되었습니다.

일본에게 국권 피탈을 당한 후인 1913년 김홍일은 가족과 함께 만주 선양으로 이주해 소서변 문외양등학교 고등과에 입학했습니다. 하지만 중국 아이들에게 민족적 차별과 멸시를 당해 한 학기

만 마치고 귀국했습니다. 귀국 후에는 당시 대표적인 민족 교육 기관이었던 정주의 오산학교 2학년에 편입해 본격적으로 민족 교육을 받았습니다. 이때부터 조국 독립을 위해 삶을 던지기로 결심했던 것으로 추정됩니다.

1918년 오산학교를 수석으로 졸업하고 황해도 신천에 있는 경신학교의 교사로 부임한 김홍일은 오산학교에서 배운 신지식과 민족의식을 바탕으로 후진 양성에 온 힘을 기울였습니다. 부임 후 첫 여름방학 때에는 황해도의 독립운동가들을 수소문해 독립운동에 대한 그들의 의견을 구했습니다. 그러자 황해도의 민족운동자들을 주시하고 있던 일본 경찰이 비밀 결사를 조직해 독립운동을 시도했다는 혐의를 씌워 그를 체포했습니다.

3일간 유치장 신세를 지고 무혐의로 풀려났지만 그는 경신학교를 그만둘 수밖에 없었습니다. 이후에는 일본 경찰이 언급한 인물들과의 서신 교환도 금지되었고, 거주지에서 30리 이상을 벗어날 경우 인근 주재소에 행선지와 사유를 보고해야만 했습니다. 이런 환경에서 아무것도 할 수 없었던 김홍일의 선택지는 단 하나였습니다.

"상하이로 가서 본시부터 내가 원했던 중국 군관학교에 유학해 일본 군국주의 세력과 맞서 싸울 수 있는 힘을 길러야 한다."

김홍일은 일본 경찰의 감시와 탄압을 피해 1918년 9월 상하이로 망명을 떠났습니다.

중국 군관학교에서 선진 군사 기술을 배우다

김홍일의 상하이 망명은 그저 일본의 감시를 피하기 위해서였을까요? 그는 중국 군관학교에 입교해 선진 군사 기술을 배워 일본과 싸우겠다는 계획을 세웠습니다. 이를 위해 상하이에서 신규식, 여운형 등 독립운동 지도자는 물론 중국 혁명가들과 교류했고 중국 군관학교 입교도 알아보았습니다.

김홍일은 여운형의 주선으로 중국 상하이대학에 입학시험까지 보았으나 영어 실력이 부족해 떨어지고 말았습니다. 그러나 포기하지 않고 조동호를 통해 〈구국일보〉 사장 황지에를 만났습니다. 그 결과 상하이의 대표적인 반일 단체인 구국단의 단장으로 한국

독립운동에 동정심을 가지고 있었던 황지에의 도움으로 구이저우 (귀주)의 육군강무학교에 입학할 수 있었습니다.

1918년 무렵은 한인 청년들이 중국 각지의 군사 학교에 입교한 시기입니다. 육군강무학교의 주요 간부들은 일본 육군사관학교 출신으로 교육 과정이 일본 현지와 동일했습니다.

육군강무학교에 입학한 김홍일에게는 언어 문제가 큰 장벽이 었습니다. 이름까지 중국식인 '왕웅'으로 바꾸어 근대식 군사 교육을 받았지만 강의 내용을 제대로 알아들을 수 없었습니다. 어려서부터 한문으로 공부해 읽기는 가능했지만 듣기가 전혀 되지 않았던 것입니다. 심지어 '차렷'이라는 중국어 구령조차 제대로 알아듣지 못할 정도였다고 합니다. 그럴 때마다 몽골인이라고 둘러대 교관과 학생들도 처음에는 그를 몽골인으로 알았다고 합니다. 이후 사력을 다해 교육과 훈련을 받은 결과 3개월 후에는 남의 도움을 받지 않고도 수업 내용을 필기할 수 있었고 200명 중 15위라는 우수한 성적으로 졸업할 수 있었습니다.

김홍일은 육군강무학교를 졸업하자마자 곧바로 호남성에 있는 육군실시학교에 진학해 6개월간 포병 장교가 되는 교육을 받았습니다. 졸업할 무렵 중국 내부의 군벌 간 전쟁이 벌어지자 그는 중국군 장교로 여러 전투에 참전했습니다. 김홍일이 독립운동이 아닌 중국 내전에 가담한 것은 군벌이 만든 군사 교육 기관에서 교육받은 한인 청년들의 시대적인 한계와 관련있습니다.

김홍일은 중국 군대에 소속되어 전투를 치렀지만 하루 빨리 독립운동에 참여하고 싶었습니다. 3.1운동 이후 만주와 연해주에서 독립군의 무장 투쟁이 치열하게 전개되고 있다는 소식을 듣고 나서는 이에 동참하기로 결심했습니다. 그렇게 선택한 행선지가 상하이였습니다.

만주의 독립군을 이끌고 연해주로

김홍일이 상하이에 도착했을 때 만주의 많은 독립군 부대가 이만*으로 이동하고 있었습니다. 이에 연해주와 만주의 한인들 사이에서는 임시정부가 아무르주나 모스크바로 이전할 거라는 이야기가 돌았습니다. 임시정부를 찾아간 김홍일은 법무총장 신규식과 군무총장 노백린 등을 만나 독립군에 투신할 결심을 밝혔습니다. 이때 만주의 독립군 부대들이 자유시(현재 스보보드니 지역)로 이동하는 것을 알고 있던 노백린은 김홍일에게 만주로 갈 것을 권유했습니다.

"홍일 군, 만주 등지에서 활약하던 독립군은 불행히도 일본 토벌대에 쫓겨 흩어졌다가 대부분은 시베리아로 넘어갔는데 러시아 혁명 정부에서 이들을 받아들여 전보다 한층 더 강력한 병력이 되도록 양성해주겠다고 약속했다네."

---

* 러시아 연해주 달네레첸스크시 서북 4km 지점 옛 병영으로 추정

노백린의 제안에 김홍일은 한 치의 망설임도 없이 시베리아로 떠났습니다. 노백린은 여러 통의 소개장과 함께 지시사항 하나를 전달했습니다.

"홍일 군, 지금 흩어져 있는 독립군 및 지원자들을 모두 한곳으로 집결시키고 있는데 목적지는 시베리아의 자유시라네. 혹시라도 가는 도중 우리 독립군을 만나거든 그들을 모아 시베리아로 인솔하시게나."

노백린은 자유시로 이동하는 데 어려움을 겪고 있는 독립군 부대를 만나면 김홍일이 인솔해주기를 바랐던 것입니다.

만주에 도착한 김홍일은 청산리대첩 직후 일본의 탄압으로 혼란에 빠진 군비단을 만났습니다. 중국 군대에서 활동한 적이 있는 그의 눈에 군비단은 처참한 상황이었습니다.

각설하고 내가 찾아갔던 그 군비단 부대의 수는 총 255명 정도였는데 장교라고는 겨우 사령관인 임표 씨와 신흥무관학교 출신인 조경호 단 두 사람뿐이었다. … 부대의 장비라는 것도 겨우 일제 소총 스물한 정에 권총 세 자루 그리고 수류탄이 그저 두어 개 있을 뿐이었다. … 그야말로 맨주먹의 부대였다. 복장 또한 다 낡은 한복 차림 그대로여서 초라하기 짝이 없었다. 그러나 부대원들의 정신만은 왕성했다.

군비단은 군사학과 훈련을 체계적으로 배운 장교 출신 김홍일에게 부대 인솔을 의뢰했습니다. 김홍일 또한 노백린에게 부대 인솔을 이미 지시받았기 때문에 곧바로 승낙했습니다.

당시 독립군 토벌을 위해 일본군의 병력은 만주 곳곳에 잔류해 있었습니다. 김홍일이 군비단을 이끌고 출발한 지 3일째 되던 날 일본군과의 첫 전투가 이루어졌습니다. 군비단이 이동하는 길목에 은광이 있었는데 그곳에 50여 명의 일본군 수비병이 진을 치고 있었던 것입니다. 소총수들을 근처 산언덕에 배치해 유리한 지형을 차지한 군비단은 약 두 시간에 걸친 총격전 끝에 일본군을 격퇴했습니다.

김홍일의 지휘 아래 군비단은 만주를 떠난 지 35일 만에 이만에 도착했습니다. 군비단은 단 한 명의 낙오자도 없었고, 오히려 행군 도중 다른 독립군 부대에서 낙오된 병사들과 청년들이 합세해 총 병력이 312명에 달했습니다.

김홍일은 상하이에서 출발할 때부터 독립을 쟁취하려면 러시아의 지원이 필요하다고 판단해 최종 목적지를 자유시로 정했습니다. 그런데 자유시에서는 전혀 예상치도 못한 일이 벌어지고 있었습니다. 사공이 많으면 배가 산으로 간다는 말처럼 자유시로 모인 독립군 부대들을 통합하는 과정에서 지휘권 다툼이 벌어졌던 것입니다.

러시아적색군은 약소민족의 독립운동을 지원해주겠다는 처음의 약속과는 다르게 우리 독립군의 지휘권 양도와 무장 해제를 요구했고, 이를 거부하면 공격하기도 했습니다. 자유시의 심상치 않

° 시베리아에 출병한 일본군의 모습

은 분위기를 감지한 김홍일은 혈혈단신으로 자유시에 가서 직접 상황을 살펴보았습니다. 한국 독립군 역사상 최대의 비극으로 불리는 자유시참변*이 일어나기 한 달 전 독립군 부대들 간의 험악한 분위기를 본 김홍일은 자유시로의 이동을 포기했습니다.

이만으로 돌아온 김홍일과 군비단은 러시아적색군을 도와 러시아백군과 싸우기로 결심했습니다. 당시 시베리아에서는 러시아혁명을 지지하는 러시아적색군과 이에 반대하며 황제를 따르는 러시아백군이 내전을 벌이고 있었습니다. 이때 일본은 러시아백

---

* 간도참변을 겪은 독립군은 일본군의 공세를 피해 약소민족의 해방운동을 지원한다는 러시아의 도움을 기대하고 자유시로 이동해 부대를 통합하는 과정에서 지휘권 다툼이 일어나고, 러시아적색군이 독립군의 무장을 해제하면서 많은 사상자가 발생한 사건

군을 지원했기 때문에 독립군 부대들은 러시아적색군 편에 서서 일본군과 싸웠습니다.

1921년 8월 16일 군비단은 '고려혁명의용군'으로 개칭하고 김홍일은 3개 중대 중 3중대장을 맡았습니다. 자유시참변에서 살아남은 세력 중 일부도 고려혁명의용군에 합류했습니다. 1921년 9월 15일 병력이 늘어난 고려혁명의용군은 '대한의용군'이라는 이름으로 새롭게 재편했습니다.

3개 중대 9개 소대로 357명의 병력을 갖춘 대한의용군은 러시아적색군과 함께 러시아백군과 일본군에 맞서 전투를 시작했습니다. 김홍일은 일본군의 군용 전화를 도청할 수 있는 시설을 완비해 일본군의 병력과 배치 상황 등을 알아내어 러시아적색군 사령부에 알려주었습니다. 또한 대한의용군을 이끌고 일본군 초소를 습격해 적 열 명을 몰살시키고 초소 일지를 습득하기도 했습니다.

조국 독립을 위해 헌신하는 독립운동가들은 죽음의 문턱을 제 집 드나들 듯 했습니다. 김홍일도 러시아백군과의 전투 중 철수하다가 죽음의 위기를 겪었습니다. 저녁 7시쯤 시작해 다음 날 새벽 2시까지 장장 일곱 시간 동안 철수 작전을 펼친 끝에 추위와 굶주림을 견디지 못해 실신해버린 것입니다. 다행히 눈 속에 쓰러져 있던 그를 수색 부대가 발견해 목숨을 건질 수 있었습니다.

김홍일은 철수한 대한의용군을 재정비한 후 적군의 초소를 기습해 러시아백군에게 큰 피해를 입혔습니다. 그리고는 러시아백군과 일본군의 대규모 반격에 대비해 또다시 철수 작전을 전개했습니

∘ 대한의용군 시절의 김홍일

다. 이때 러시아적색군은 대한의용군의 병력 철수를 엄호하고 수송을 위해 장갑 열차를 보내주었습니다.

이 무렵 피로감을 느낀 김홍일은 방한이 안 된 장화를 신은 채 깜박 잠이 들어 왼발 무릎 밑부터 발끝까지 동상에 걸렸습니다. 당시에는 동상에 걸리면 다리를 절단해야 했지만 다행히 한말 의병 출신 예순 살의 한 독립군 덕분에 다리를 절단하는 것은 피할 수 있었습니다. 그는 동상에 걸린 김홍일의 발을 찬물에 담가 얼음을 한꺼풀씩 녹여냄으로써 치료했습니다.

그런데 김홍일과 대한의용군은 왜 일본군보다 러시아백군과 더 많은 전투를 벌였던 걸까요? 김홍일에게 원대한 꿈이 있었습니다. 러시아 영내에서 항일 대군단을 조직해 일본군에 맞서 싸우는 것이었습니다. 그러려면 러시아적색군의 도움이 필요했기에 러시아백군과 싸운 것입니다. 하지만 러시아적색군이 대한의용군을 대하는 태도는 김홍일의 생각과는 달랐습니다.

러시아적색군은 대한의용군을 오로지 자신들의 이익을 위해서만 활용했습니다. 항일 대군단 결성을 위해 독립군 부대들을 한곳으로 집결시켜달라는 김홍일의 요구는 거부당했고 심지어 독립군을 수비대로 삼아 곳곳에 분산해버렸습니다. 여기에 독립군 내부 갈등까지 겹치면서 대한의용군은 1922년 7월 20일 해체되고 말았습니다.

대한의용군 해체 후 김홍일은 만주로 돌아와 학생들에게 민족정신을 고취하기 위해 중학교에서 교사 생활에 전념했습니다. 하지만 한 학기 만에 그만두었습니다. 만주 일대에서 새로운 독립운동이 시작되면서 김홍일에게 참여해달라고 요청했기 때문입니다.

만주에서는 1924년 초부터 대한의용군 군사위원회가 부활하고 독립운동 세력을 규합하고 있었습니다. 그곳에 김홍일도 있었습니다. 일본 경찰이 그런 낌새를 놓칠 리 없습니다. 감시망을 계속해서 좁혀왔고 김홍일은 만주를 떠날 수밖에 없었습니다.

1926년 10월 김홍일은 만주로 떠난 지 6년 만에 다시 상하이로 향했습니다.

한인애국단의 의거를 지원하다

> "일본 군국주의 세력의 파괴는 국내외를 막론하고 역사가 우리에게 부여한 제1차 과업이 아닐 수 없는 것이다. 그러자면 한국인 스스로의 군비가 절실하게 필요하다는 사실을 나는 느꼈다. 그제야 나라 잃은 백성으로서의 내가 장차 할 일이 무엇이겠는가를 확실히 깨달은 셈이다."

상하이로 돌아온 김홍일은 독립운동의 현실을 극복하면서 항

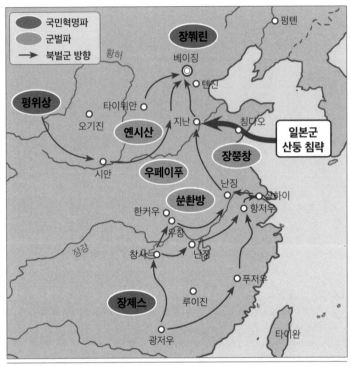

법례:
- 국민혁명파
- 군벌파
- → 북벌군 방향

장쭤린

펑텐

베이징

황허

텐진

펑위상

타이위안

오기진

엔시산

지난

칭다오

일본군
산둥 침략

우페이푸

장쭝창

시안

쑨촨방

난징

한커우

우창

상하이

항저우

창사

난창

정강

루이진

푸저우

장제스

광저우

타이완

∘ 중국 국민당 지도자 장제스의 북벌 전개 과정

일 투쟁을 지속할 수 있는 방법을 고민했습니다. 오랜 고민 끝에
중국 군대로 복귀하기로 마음먹었습니다. 그는 상하이에서 광저
우로 이동해 1926년 10월 9일 장제스가 이끄는 중국 국민혁명군
에 복귀했습니다. 북벌이 한창 진행 중이었고 김홍일은 곧바로 총
지휘부 소령 참모로 북벌전에 참여했습니다. 이후 1926년 12월 소
령에서 중령으로 진급, 이듬해 3월에는 대령으로 진급해 총지휘부

의 인사국장이 되는 등 진급을 거듭했습니다.

1927년 7월 김홍일은 전투 부대 지휘관이 되어 용담전투에 참여했습니다. 그가 이끈 22사단은 3만여 명의 적병을 포로로 잡는 전과를 올렸고, 중국 국민당 정부로부터 공로 표창을 수여받았습니다. 이후에도 김홍일은 중국군 소속으로 숱한 전투를 치르면서 공을 세웠습니다.

북벌이 끝난 1931년 무렵 김홍일은 각종 병기와 탄약을 정리하고 각 군에 분배하는 상하이 병공창의 주임으로 근무했습니다. 총이나 폭탄 같은 것을 수시로 다루고 빼낼 수 있는 부서의 책임자로 약간의 권총과 수류탄 정도는 재량껏 사용할 수 있었습니다. 이때부터 김홍일이라는 이름이 한국 독립운동사와 임시정부에 각인되기 시작합니다.

임시정부의 비밀 결사인 한인애국단에서 자주 사용한 무기는 폭탄이었습니다. 이봉창과 윤봉길 의거 때도 폭탄이 사용되었습니다. 이때 가장 중요한 것은 불발탄을 없애는 것입니다. 일본에게 붙잡혀 사형당할 각오로 폭탄을 던졌는데 불발이라면 그보다 분한 일은 없을 겁니다. 그래서 의열단체들은 제대로 터지는 고성능 폭탄 제조에 많은 시간과 자본을 투자했습니다.

한인애국단의 첫 의거를 준비하면서 김구는 김홍일에게 100m 이상의 거리에서 던질 수 있는 폭탄을 구해달라고 부탁했습니다. 김홍일은 고민할 수밖에 없었습니다. 보통 100m 이상 떨어져 있는 목표물에 폭탄을 던져 명중시키기는 어렵기 때문입니다. 그래서 폭발력은 약하지만 가벼워서 멀리 던지기 쉽고 불발탄이 없는 마미(痲尾) 수류탄을 두 발을 구해 김구에게 전해주었습니다.

김구에게서 폭탄과 거사 자금을 전달받은 이봉창은 일본 경시청 청사 정문 앞에서 천황을 향해 폭탄을 투척했습니다. 비록 천황 저격에는 실패했지만 폭탄 투척 사실만으로도 일본 열도에 큰 충격을 주었습니다. 이봉창 의거의 실패를 아쉬워하는 중국 언론의 태도를 빌미 삼아 일본은 1932년 1월 28일 상하이사변을 일으켰습니다.

상하이사변 당시 김홍일은 상하이 병공창의 주임과 중국 국민혁명군 제19로군의 정보국장을 겸임하고 있었습니다. 이때 상하이 주둔 일본군의 정보를 김구에게 알려주었고, 김구는 김홍일에게 받은 정보를 바탕으로 한인애국단의 또 다른 의거를 준비했습니다. 1932년 2월 12일 이즈모호 폭파 계획 그리고 일본군의 무기창고와 비행장을 폭파하려는 계획이 그것입니다. 하지만 두 의거 모두 실패로 끝났습니다.

° 중국 상하이항에 정박해있는 이즈모호

상하이사변을 일으킨 일본은 중국의 강력한 저항에 일방적으로 휴전을 선언했습니다. 그러고는 상하이에서 천황의 생일을 축하하는

행사와 상하이사변의 승리 축하식을
준비했습니다. 이것을 기회로 여긴
김구와 한인애국단은 또다시 의거를
준비했습니다. 바로 윤봉길의 홍커
우공원 의거입니다. 이번에도 김홍
일에게 폭탄을 부탁했습니다. 긴히
부탁이 있다는 김구의 첫 마디에 김
홍일은 빙긋이 웃으며 말했습니다.

∘ 홍커우공원 의거에 사용될 폭탄
제조의 교섭을 맡은 김홍일과 중
국인 제조 기술자 왕보슈

　"또 폭탄이 필요한 모양이죠?"

　그런데 상하이사변 이후 병공창에 있던 기계가 난징과 항저우
로 옮겨졌기 때문에 폭탄을 구하기가 어려웠습니다. 김홍일은 포
기하지 않았습니다. 김구와 헤어진 뒤 폭탄을 구하기 위해 수소문
을 하러 다녔고 그 결과 민간인 철공 샹츠타오를 소개받아 도시락
과 물통의 외형 제작을 부탁할 수 있었습니다. 폭약과 시계 장치는
상하이 병공창의 기술자 왕보슈에게 맡겼습니다.

　이봉창 의거의 실패 요인이 폭탄의 성능이 좋지 못했기 때문이
라고 생각한 김홍일은 폭탄 제조에 신경을 썼고, 김구를 상하이 병
공창으로 데려와 폭탄 성능을 시험하기도 했습니다. 그의 노력으
로 물통과 도시락 모양의 폭탄 수십 개가 제작되었습니다. 이 중
한 쌍은 윤봉길에게, 나머지는 임시정부가 상하이를 떠날 때 김구
의 피난처인 자싱으로 옮겨졌습니다.

　1932년 4월 29일 윤봉길의 의거는 성공적으로 이뤄졌고 일본

은 관련자들을 대대적으로 검거하기 시작했습니다. 위기를 느낀 김홍일은 '왕일서'라는 이름으로 개명한 후 중국 공병학교 부관처장으로 임명되어 난징으로 향했습니다.

한국광복군의 총사령부 참모장이 되다

김홍일은 난징에서도 독립운동의 끈을 놓지 않았습니다. 오히려 과거 자신이 이루지 못한 꿈을 실현하고자 노력했습니다.

"무인 정신으로 싸워야 광복이 온다. 광복은 누가 그냥 가져다주는 게 아님을 알아야 올바른 군인 정신을 갖게 된다."

김홍일은 조국 독립을 위해서는 독립군 창설이 꼭 필요하다고 생각했습니다. 그 첫 단계가 훗날 항일 투쟁에 뛰어들 청년들을 양성하는 일이라고 여긴 그는 중국 중앙육군군관학교 낙양분교 내에 설치된 한인 특별반에서 교관으로 활동했습니다.

"젊은이를 양성해서 임시정부의 직할 단위 군대를 편성해야 우리 손으로 국토를 수복할 수 있다. 뒷날 통일된 독립 국가를 건설하려면 우리의 힘이 절대적임을 알아야 한다."

김홍일은 임시정부만 지원한 것이 아니라 1932년 의열단장 김원봉이 난징에서 조선혁명간부학교를 세워 한인 독립투사를 양성할 때도 후원자 역할을 했고, 1938년 김원봉이 조선의용대를 조직할 때도 힘을 보탰습니다.

여전히 중국군 소속이었던 김홍일은 1937년 7월 7일에 발발한 중일전쟁에 중국 지휘관으로서 일본군과 수많은 전투를 치렀습니다. 가장 대표적인 전투로 1938년 10월 만가령전투와 1941년 3월 상고현전투가 있습니다. 중일전쟁에서 계속 전공을 쌓은 김홍일은 1939년 5월 소장*으로 진급했을 뿐 아니라 영예 훈장도 수여받았습니다.

1940년 충칭에 정착한 임시정부는 같은 해 9월 지청천을 사령관으로 하는 한국광복군을 창설했습니다. 중국 국민당의 군사 원조로 만들어진 한국광복군은 중국군사위원회의 간섭을 받아야만 했습니다. 중국군사위원회는 한국광복군의 각 부서에 중국군 장교를 파견했고, 총사령부의 직제와 복제를 중국식으로 바꾸는 등 한국광복군을 전반적으로 장악했습니다. 하지만 여러 외교 활동의 노력으로 1944년 8월 23일 마침내 한국광복군에 대한 통수권을 되찾을 수 있었고, 이에 중국 파견 장교들이 모두 철수했습니다. 김구는 김홍일을 찾아갔습니다.

"바야흐로 우리 조국에 가장 좋은 기회가 찾아왔으니 지체 없이 중국군에서 맡고 있는 직책을 사퇴하고 한국광복군의 참모장이 되어 주시게나."

중국군을 그만두지 않으면 한국광복군에 갈 수 없는 처지였던 김홍일을 위해 김구는 장제스를 만나 허락을 받았습니다. 며칠 후

---

* 오늘날 장군 또는 스타라고 불리는, 군인으로서 가장 높은 계급

장제스가 그를 불렀습니다.

"김홍일 장군, 임시정부의 형편을 듣고 할 수 없이 귀관을 놓아주는 것이니 장차 한국광복군에 가서 더욱 빛나는 공훈을 세우시게."

김홍일은 1945년 5월 한국광복군 참모장에 부임했습니다. 정식으로 임시정부에 합류한 김홍일은 가장 먼저 중국 제74군단과 합작해 일본과의 전투를 계획했습니다.

"나는 시일이 요하는 중앙 정부와의 교섭을 피하고 중국 호남 방면의 제74군단 군사령관 왕야오무와 직접 연락을 취해 일본군에 대한 반격전을 벌이기로 합의했다."

미국식 훈련을 받고 최신 장비로 무장을 갖춘 정예 부대인 제74군단은 과거 김홍일이 중국군 재직 당시 복무했던 부대였습니다. 김홍일은 당시 경험과 인맥을 적극 활용해 한국광복군의 활동을 모색했습니다. 그리고 제74군단 왕야오무 사령관과 협의해 한국광복군에 대한 장비 지원과 대일 작전을 함께 전개하자는 합의를 이끌어냈습니다.

안타깝게도 김홍일의 계획은 성사되지 못했습니다. 당시 한국광복군은 미국의 전략정보국인 OSS(Office of Strategic Services)와 국내 진입 작전을 추진한다는 계획하에 특수 훈련을 실시하고 있었는데 김구 주석과 총사령관 지청천 등이 중국군과 합작해 일본군과 정식 교전을 벌이기보다 미군의 협조 아래 적 후방에서 게릴라 활동을 펴는 것이 더 효율적이라고 생각했기 때문입니다. 중국의 제74군단과 합작을 놓고 임시정부 내부에서 논의가 오가던 중 일본은 패망했습니다.

해방 직후인 1945년 11월 김홍일은 다시 중국군으로 복귀해 동북 보안 사령부 고급 참모 겸 한교 사무처장에 취임했습니다. 그러고는 한인 동포의 생명과 재산을 보호하면서 그들의 귀국을 도왔습니다. 김홍일이 중국군으로 복귀한 이유는 오로지 만주 지역에 있던 한인 동포들을 지켜주기 위해서였습니다.

광복을 맞이한 지 3년이 지난 1948년 8월 조국으로 돌아온 김홍일은 군인으로서의 삶을 계속 이어갔습니다. 대한민국 국군에 입대해 육군사관학교와 육군참모학교장을 역임했고, 6.25전쟁 때는 시흥 지구 전투사령관, 육군 제1군단장, 육군종합학교 총장 등을 지낸 후 1951년 중장으로 군 복무를 마쳤습니다. 군을 떠난 후에도 외무부 장관, 국회의원, 신민당 당수 등으로 활약하면서 조국 근대화와 민주화에 기여한 그는 1980년 8월 8일 생을 마감했습니다.

'파란만장'이라는 단어에 가장 잘 어울리는 것이 김홍일의 일생이 아닐까요? 중국어를 일아들을 수 없어 애 먹던 중국 군관학교 학생을 시작으로 만주에서 독립군을 이끌고 러시아 내전에 참여했고, 중국군 소속으로 북벌과 중일전쟁을 치르면서 장군의 자리에까지 올랐습니다. 또한 임시정부의 한인애국단과 한국광복군을 지원했고, 해방 이후에는 다시 중국군에 돌아가 한인들의 순조로운 귀국을 위해 노력했습니다. 어렵게 귀국한 후에도 대한민국 국군을 건설하는 등 조국을 위해 기구하고도 사연 많은 평생을 살았습니다.

김홍일 장군의 분투를 귀감으로 삼으면서 수많은 항일 독립운동가의 노력과 희생이 오늘의 대한민국을 만들었다는 사실을 다시 한 번 깨닫는 시간이 되었으면 좋겠습니다.

대한민국 임시정부의
보이지 않는 버팀목

목숨 걸고 독립 투쟁을 하다가 일제에 잡혀 모진 고문과 가혹한 감옥 생활을 견디는 것은 인간의 한계를 뛰어넘는 일입니다. 이 모든 고난을 각오한 임시정부의 여성 독립운동가가 있습니다. 1920년 상하이로 망명해 1945년 해방을 맞을 때까지 임시정부의 살림을 묵묵히 책임지면서 임시정부 요인들을 돌본 정정화입니다.

시아버지와 남편을 좇아 상하이로 떠나다

1900년 8월 3일 정정화는 서울에서 명성이 자자한 명문가이자 권문세가 집안에서 태어났습니다. 조부 정낙용은 아관파천 당시 고종과 세자를 호위했고, 아버지 정주영은 수군절도사, 병마절도사, 관찰사 등을 역임했습니다.

1905년 전후 일제의 침략이 거세지자 집안사람들은 모두 벼슬자리에서 물러났습니다. 살아생전 손녀가 시집가는 것을 보고 싶어 했던 조부의 바람으로 정정화는 열한 살의 어린 나이에 안동 김씨 집안으로 시집을 갔습니다. 그녀의 시댁도 당대 대표 명문가 집안으로 시아버지가 바로 동농 김가진입니다. 정정화는 김가진의 장남 김의한과 결혼했습니다.

1919년 명문가 집안 며느리로 지내던 그녀의 인생을 송두리째 바꾸는 사건이 연이어 벌어졌습니다. 3.1운동으로 시아버지 김가진이 독립운동에 뛰어들었고, 3.1운동 직후 결성된 조선민족대동단에 김가진이 추대되었습니다. 반년 후에는 김가진과 김의한이 항일 투쟁을 위해 상하이로 망명을 떠나 임시정부에 합류했습니다. 정정화는 시아버지와 남편의 갑작스러운 망명을 전혀 눈치 채지 못하다가 신문을 보고서야 알게 되었습니다. 결혼 8년 만에 낳은 첫딸을 잃은 슬픔이 채 가시기도 전에 시아버지와 남편의 망명을 지켜봐야 한 것입니다.

연이은 충격에 그녀는 앞으로 자신이 어떻게 해야 하는지 치열하게 고민했습니다. 그리고 오랜 고민 끝에 내린 결정을 친정아버지에게 전했습니다.

"아버님, 제가 상하이에 가서 시아버님을 모시면 어떨까요? 시댁에 남아있는 것보다 시아버님 곁에서 시중을 들어드리는 것이 나을 것 같아요."

시아버지와 남편 뒤를 좇아 상하이로 가겠다는 딸의 결심에 친정아버지는 거금을 내어주었고, 팔촌 오빠 정필화는 망명길을 함께 동반해주었습니다.

◦ 김의한, 정정화 부부와 아들 김자동
(출처: 대한민국임시정부기념사업회, 김자동)

1920년 1월 초 정정화와 정필화는 서울역에서 기차를 타고 의주를 거쳐 선양으로 그리고 또다시 산하이관(산해관)과 톈진, 난징을 거쳐 꼬박 일주일 만에 상하이에 도착했습니다. 상하이에 도착한 정정화는 임시정부를 찾아가기 위해 무턱대고 조선 사람이 사는 곳을 찾아다녔는데 운 좋게 임시정부 의정원이었던 손정도를 만나 시아버지와 남편이 사는 집을 알 수 있었습니다.

뜻하지 않은 며느리의 방문에 김가진은 어린아이처럼 기뻐했습니다. 당시 일본은 임시정부를 하층민들이 모여서 만든 단체라고 폄하했는데 대한제국을 대표하는 가문 일가가 임시정부에 가담하게 되자 그 자체만으로 상징성이 컸던 것입니다. 실제로 김가진 일가는 임시정부의 구심점 역할을 하면서 대내외적인 권위와 공신력을 얻는 데 큰 기여를 했습니다.

목숨을 걸고 국경을 넘나들다

정정화는 상하이에서 시아버지 김가진을 모시면서 이시영, 이동녕, 안창호, 신규식 등 임시정부 요인들을 가까이 대할 수 있었습니다. 특별한 직책이나 임무를 부여받은 것은 아니지만 임시정부의 일원이 된 것이나 마찬가지였습니다. 그렇게 정정화는 임시정부의 국로 김가진의 며느리, 김의한의 아내, 여성 독립운동가로의 삶을 살게 되었습니다.

상하이에서 한 달 정도 지내다 보니 시아버지와 남편은 물론 임시정부 요인들의 생활이 매우 어렵다는 것을 알게 된 그녀는 궁핍한 임시정부의 살림을 보면서 그 누구도 생각지 못한 일을 계획했습니다. 국내에 들어가 임시정부 운영 자금을 구해오는 것이었습니다. 당시 상하이와 국내를 오가며 자금을 구해오는 일은 교통편도 문제였지만 국경을 넘고 일본 경찰의 경비를 피해야 했기 때문에 여간 어려운 일이 아니었습니다.

정정화의 겁 없고 강단 있는 모습에 조완구는 그녀를 삼국지의 명장 조자룡에 비유해 "작은 몸 전체가 담(膽) 덩어리"라고 했고, 안경근은 '작은 고추'에 비유하며 매섭다고 평했습니다.

임시정부 내에서 우려를 표하는 사람도 많았습니다.

"부인, 지금 국내는 도저히 살아나올 수 없는 위험한 곳이나 다름없습니다. 특히 동농 김가진 선생 일로 시댁은 왜놈들의 눈총을 받고 있지 않습니까? 물론 조심하겠지만 무턱대고 들어갔다가 만

○ 임시정부 교통국 이륭양행. 만주 안동에서 아일랜드인 쇼가 운영하던 무역
회사의 대리점으로 2층에 교통국의 안동 지부가 설치되어 무기를 비밀리에
수송하거나 독립지사가 잠시 머물면서 연락하는 용도로 이용되었다.

에 하나 왜놈에게 발각이라도 되는 날이면 다시는 못 나오는 것은
고사하고 큰 고초를 겪게 될 것입니다."

신규식의 만류에도 불구하고 정정화가 단호한 모습을 보이자 임
시부는 정정화를 첫 임시정부 임무를 맡겨 국내로 파견했습니다.

1920년 3월 초 이륭양행을 통해 국내로 들어간 그녀는 신규식
의 조카 신필호의 집을 거점으로 삼았습니다. 시댁이 멀지 않았지
만 갈 수 없었고 친정에도 연락하지 못했습니다. 시아버지와 신규
식이 지시한 사람에게만 연락을 취했습니다. 20여 일 동안 국내
에 머물면서 비밀리에 자금을 모집한 그녀는 4월 초 다시 상하이
로 돌아왔습니다.

정정화는 상하이로 돌아가기 위해 신의주의 비밀 연락소인 이
세창의 양복점을 찾았습니다. 신의주에서 압록강을 건너 안동으

로 가기 위해서였습니다. 그녀는 배 안에서 사흘 낮밤을 보낸 후 나흘째 아침 상하이 부두에 도착했습니다.

그녀가 모금한 돈은 예상했던 금액에 많이 모자랐지만 임시정부 운영에 큰 도움이 되었습니다. 그녀의 무용담은 상하이 사회에서 화제가 되었고 임시정부 요인들은 정정화를 입에 침이 마르도록 칭찬했다고 합니다.

그녀는 무려 다섯 차례나 더 상하이와 국내를 오가며 자금 전달 업무를 수행했습니다. 두 번째 임무는 1921년 늦은 봄 임시정부의 공식 밀사 자격으로 파견되었습니다. 이번에는 충청남도 예산에 있는 친정아버지 정주영을 찾아가 독립운동 자금을 받은 후 독립운동가 서재현과 함께 상하이로 귀환하는 임무였습니다. 친정에 들르자 친정아버지는 딸의 재능을 아까워하며 일본 유학을 권했지만 그녀는 단호히 사양했습니다.

"일본에 맞서 투쟁을 하는 마당에 일본 유학은 이치에 맞지 않습니다."

정정화는 친정아버지에게 받은 독립운동 자금을 들고 서재현과 함께 무사히 상하이로 귀환함으로써 두 번째 임무를 성공적으로 완수했습니다.

1922년 6월 세 번째 자금 모집 임무를 수행하기 위해 다시 국내 잠입을 준비하자 모든 임시정부 요인이 그녀를 뜯어말렸습니다. 당시 안동과 신의주에 있던 연통제와 교통국이 일본 경찰에 의해 붕괴된 상태였고, 이륭양행의 조지 루이스 쇼가 추방당했으며, 이

세창마저 체포된 상태였기 때문입니다.

포기를 모르는 정정화는 비밀리에 혼자서라도 국내에 잠입할 계획이었습니다. 그런 그녀가 걱정되었던 임시정부는 이욱을 함께 보냈습니다. 두 번의 국내 잠입 성공으로 방심했던 것인지 압록강 철교를 거의 다 건넜을 무렵 일본 경찰 두 명이 그들을 막아섰습니다. 예기치 않은 검문에 그들이 당황하자 경찰은 그들을 신의주경찰서로 끌고 갔습니다. 그때까지만 해도 정정화의 정체는 드러나지 않았습니다. 하지만 계속되는 심문과 조사에 김가진의 며느리라는 사실이 밝혀졌고 그녀는 서울 종로경찰서로 압송되었습니다.

천만다행으로 그녀가 상하이에서 살기가 힘들어 친정으로 돌아가는 길이라고 둘러대자 경찰은 간단한 조사만 하고 그녀를 풀어주었습니다. 경찰서를 나온 후 시아버지가 위독하다는 시댁의 전보를 받았으나 그녀는 바로 상하이로 돌아가지 않고 서둘러 친정인 예산으로 발걸음을 옮겨 돈을 얻어 상경합니다. 그곳에 시아버지의 부음 전보가 와 있었습니다. 조선민족대동단 총재이자 임시정부의 최고 어른, 정정화의 시아버지 김가진이 일흔일곱 살의 나이로 세상을 떠난 것입니다.

시아버지의 임종을 지키지 못했다는 생각에 마음이 무거웠지만 그녀는 독립 자금 모으는 일을 멈추지 않았습니다. 김가진의 부음 소식에 많은 사람이 문상을 왔고, 그녀의 눈에 시아버지의 조의금은 모두 독립운동 자금으로만 보였습니다. 그녀는 조의금 일부를 시댁 식구에게 떼어준 후 남은 돈을 들고 상하이로 돌아왔습니다.

1922년 10월 네 번째 귀국길에 오른 정정화는 시댁과 친정, 서울 외가를 오가며 휴식을 취하는 한편 막내 여동생과 함께 근화학원에 다니며 영어를 배우다가 1923년 7월 다시 상하이로 돌아왔습니다. 다섯 번째 국내행은 1924년 12월에 들어와 6개월간 친정인 예산에서 시간을 보냈습니다. 정정화의 마지막 귀국은 1930년 여름이었습니다. 할머니와 외할머니에게 손자 김후동을 보여드리기 위해서였습니다.

그녀는 여섯 번째 귀국을 끝으로 더 이상 국내에 잠입하지 않습니다. 1920년대가 지나면서 국내 사정이 급격히 나빠졌기 때문입니다. 일본에게 나라를 빼앗긴 지 10년이 넘으면서 밀정들이 판을 치고 사람들이 독립운동에 소극적으로 변해갔습니다. 집 앞을 지나다가 처음 국내에 잠입했을 때 은신처를 제공해주었던 젊은 안주인에게 반갑게 인사했더니 그녀를 모른 체하며 지나갔고, 지인들조차 그녀를 차갑게 대하는 모습에 크게 실망했습니다. 이런 일을 겪으며 조국의 의미가 무엇인지, 누구를 위해 독립운동을 하는지, 독립이 무엇인가를 생각하게 되었습니다. 그리고 1931년 초 상하이로 돌아가면서 독립되기 전 다시는 귀국하지 않겠다고 마음먹었습니다.

임시정부는 목숨을 걸고 독립자금을 모아온 정정화의 헌신을 높이 평가했습니다. 1925년 임시정부 국무령에 취임한 김구는 정정화에게 큰 감사를 표하면서 '한국의 잔 다르크'라고 칭송했다고 합니다.

임시정부의 안주인이 되다

정정화는 임시정부에서 정식으로 직책을 맡은 적이 없습니다. 그러나 임시정부에서 그녀가 수행한 역할은 어느 누구도 할 수 없는 것이었습니다.

임시정부 요인의 상당수가 가족과 떨어져 혼자 지냈습니다. 1923년 국민대표회의의 결렬 이후 많은 독립운동가가 임시정부를 떠나면서 이동녕, 이시영, 조완구, 안창호, 김구 등 원로들만 남게 되었습니다. 이들은 가족 없이 혼자 지내고 있어 끼니를 해결하는 것이 쉽지 않았습니다. 이때 정정화가 남편의 월급으로 임시정부 원로들의 뒷바라지를 했습니다. 실제로 김구는 배가 출출할 때면 "후동 어머니, 나 밥 좀 해줄라우." 하면서 정정화를 찾아와 끼니를 해결했다고 합니다.

정정화는 임시정부가 전개한 독립운동 현장에 항상 있었습니다. 어느 날 김구가 빈 도시락을 하나 내놓으며 밥을 담아달라고 했습니다. 이 도시락은 윤봉길이 홍커우공원에 갖고 들어간 도시락 폭탄과 똑같은 모양이었습니다. 정정화는 그날 윤봉길 의거가 일어난다는 사실은 몰랐지만 평소와 달리 점심부터 술을 찾는 김

○ 상하이 임시정부 요인의 가족들(앞줄 왼쪽에서 세 번째 인물이 정정화)
  (출처: 김자동, 대한민국임시정부기념사업회)

구의 행동이 이상하다고 생각했습니다. 김구는 윤봉길과 헤어진 후 정정화의 집으로 와서 술 한잔 걸치며 초조하게 거사의 성공 여부를 기다렸던 겁니다.

임시정부는 윤봉길 의거 이후 일본의 탄압을 피해 상하이를 떠나 8년에 걸쳐 5,000km를 이동하는 대장정을 시작했습니다. 항저우, 난징, 창사, 광저우 등 중국 각지를 전전하다가 1940년 충칭에 정착했고 1945년 해방을 맞이했습니다. 계속되는 피난길에서 정정화는 홀로 지내는 임시정부의 어른들을 모시면서 안살림을 도맡아 했습니다. 임시정부에 오는 외국인 손님을 접대하거나 내부 행사가 있을 때면 부인들을 모아서 잔치를 치르는 것도 그녀의 몫이었습니다.

임시정부가 충칭에 정착했을 때 정정화는 중국에 첫발을 디딘

◦ 3.1유치원 추계 개원 기념사진(정정화는 뒷줄 맨 오른쪽)(출처: 독립기념관)

지 20년이 지났고 나이도 어느덧 사십 줄에 들어섰습니다. 독립운동 자금 마련을 위해 거룻배로 압록강을 건너고, 허겁지겁 숨고 도망치며 20년을 보냈지만 조국의 해방은 멀게만 느껴졌을 것입니다. 그럼에도 그녀는 임시정부 일이라면 궂은일을 마다하지 않고 뛰어다녔습니다.

1941년 10월 임시정부 산하에 3.1유치원이 설립되자 정정화와 연미당(엄항섭의 부인), 이국영, 강영파, 김병인 등이 교사로 나섰습니다. 여성들은 중국 소학교에 다니는 아이들을 방학 때마다 모아 우리 역사와 글, 노래, 춤을 가르쳤습니다. 1942년 5월 5일에는 '아동절주일'로 지정해 아이들에게 과자 값을 지급했습니다.

일본의 패망이 눈앞에 보이기 시작하면서 임시정부는 한글 교육을 강화하기 시작했습니다. 1943년 임시정부를 지원하는 단체인 한국애국부인회가 결성되자 정정화는 훈련부 주임을 맡아 1944년 6월부터 1945년 3월까지 아동 국어 강습반을 주관했습니다. 결혼 전 배운 《천자문》과 《소학》 그리고 중국에서도 항상 손에서 놓지 않았던 신문과 잡지에서 세계정세를 보는 안목을 키웠기 때문에 가능한 일이었습니다. 상하이 시절 배운 기초 영어 실력을 살려 1학년 과정을 직접 가르치기도 했습니다.

1945년 광복 직전, 일본의 전세가 악화되고 한국광복군의 지속적인 초모 활동에 힘입어 중국 전선에 배치된 한인 학도병들이 대거 일본군을 탈출하기 시작했습니다. 1945년 2월 20일에는 50여 명의 청년이 광복군이라는 이름을 내걸고 임시정부에 합류하기도 했습니다. 임시정부는 이들을 위해 급하게 교회 일부를 침실과 식당으로 꾸몄는데 이런 일은 모두 정정화의 몫이었습니다.

"남이 시켜서 하는 일이 아니었고, 그런 일은 몸이 으깨어지는 한이 있더라도 언제든지 마다하지 않고 기꺼이 할 수 있을 듯싶었다."

한인 청년들이 불편하지 않도록 정성을 다하는 정정화를 그들은 '어머니'라고 불렀습니다.

정정화는 충칭에서 광복을 맞이했습니다. 임시정부 요인들이 두 차례에 걸쳐 환국할 때 끝까지 남아 임시정부 요인 가족들의 귀국 준비와 뒤처리를 도왔던 그녀는 광복한 지 1년이 지난 1946년 5월 9일에서야 조국 땅을 밟았습니다. 스무 살이라는 가장 빛나던 시기에 상하이로 망명을 떠나 25년이 지난 40대 중반이 되어서야 조국으로 돌아올 수 있었던 것입니다. 임시정부의 보이지 않는 버팀목이었던 그녀는 1991년 11월 2일 서울시 양천구 신정동에서 아흔한 살의 나이로 생을 마감했습니다.

정정화는 임시정부의 유일한 여성 특파원이자 임시정부 요인들의 뒷바라지와 임시정부 안살림을 도맡았습니다. 그러면서도 단 한 번도 자기 자신을 내세운 적이 없습니다.

> "나 자신이 주변 사람의 입에 오르내릴 때마다 내 심정은 더욱 착잡해지곤 하였다. 나는 스스로 조국 독립을 위한 항일 투쟁의 선봉에 나섰다고 생각해본 적이 없다. 그럴만한 능력도 자질도 없는 사람이고, 그저 평범한 여느 아낙네와 다를 바 없는 사람이었다."

우리는 조국 독립을 위해 많은 여성이 독립운동에 투신했다는 사실을 알아야 합니다. 그중에서도 정정화는 한국 독립운동사에서 여성의 지위와 역할을 한 단계 발전시켰다는 평가를 받고 있습니다.

미완에 그친
의열 투쟁의 주인공

우리나라에는 3대 의사가 있습니다. 두 명은 바로 임시정부 한
인애국단 소속이었던 윤봉길, 이봉창입니다. 다른 한 명을 알고 있
다면 역사에 정말 관심이 많다고 할 수 있습니다. 바로 구파 백정
기입니다. 목숨을 바친 의거 활동을 벌였지만 우리의 기억 속에 그
는 왜 남아있지 않은지 한번 살펴보겠습니다.

최근 들어 백정기에 대해 재조명되면서 백정기와 윤봉길의 엇
갈린 운명에 대해서도 알려지고 있습니다. 흔히 홍커우공원 의거
계획은 오로지 임시정부의 한인애국단이 준비했고 윤봉길이 실행
한 것으로 알고 있습니다. 그런데 1930년 4월 20일 상하이에서 조
직된 무정부주의운동 단체 남화한인청년연맹도 홍커우공원 의거

를 준비하고 있었습니다.

◦ 백정기 의사

1932년 4월 중순, 김구는 김오연을 보내 남화한인청년연맹 정화암 의장을 만나도록 했습니다. 4월 29일 홍커우공원에서 열리는 행사에 남화한인청년연맹이 거사를 하는지 탐문하기 위해서였습니다.

정화암은 김오연에게 거사 계획이 없다고 말하면서 김구의 홍커우공원 의거 계획을 캐내었습니다. 당시 정화암과 남화한인청년연맹은 이미 일본인 종군 기자를 통해 홍커우공원에서 진행될 기념식 정보를 사전에 입수했고 백정기를 의거 주동자로 지명해놓은 상태였습니다.

백정기는 남화한인청년연맹 단체의 소속이면서 그 예하의 흑색공포단이라는 행동대에도 소속되어있었습니다. 흑색공포단은 임시정부의 한인애국단과 같은 역할을 했던 단체입니다. 백정기는 상하이를 점령했다고 자만에 빠진 일본군 고위 장성들을 저승길 동무로 삼기 위해 홍커우공원 의거를 자청했습니다.

흑색공포단 백정기와 한인애국단 윤봉길은 소속이 달랐기 때문에 서로가 같은 일본군을 노리고 거사를 계획하고 있다는 사실을 알지 못했습니다. 두 단체의 대표로 뽑힌 그들은 홍커우공원에 각자 폭탄을 품고 들어섰습니다.

1932년 4월 29일 백정기는 윤봉길보다 먼저 식장에 도착했습니다. 김구의 훙커우공원 의거 계획을 알고 있던 정화암이 백정기의 의거 시간을 앞당겼기 때문입니다. 임시정부는 외국 사절이 퇴장하고 일본 고관들만 남아있는 11시를 의거 시간으로 잡았지만 남화한인청년연맹은 의거 시간을 10시로 정했습니다.

만약 백정기의 훙커우공원 의거가 성공했다면 한국의 독립운동 역사가 바뀌었을 것입니다. 백정기는 양복과 저격용 권총, 도시락 폭탄, 전단지를 모두 준비했지만 딱 한 가지가 빠졌습니다. 바로 출입증이었습니다. 백정기는 출입증을 갖고 오기로 한 사람이 오지 않아 행사장에 들어가지 못하고 있었습니다. 그렇게 초조하게 기다리다가 거사 예정 시간이 지나가버렸습니다.

의거에 실패한 남화한인청년연맹은 원통해했지만 그래도 우리 민족이 거행했으니 성공한 것과 같다며 스스로를 위로했습니다. 그리고 윤봉길 의거의 성공은 거침없고 대범한 김구의 성향 덕분이라며 본인들이 그렇게 하지 못한 것을 아쉬워했습니다.

백정기는 살아생전 세 번의 의거를 시도했습니다.

첫 번째 시도는 1923년 히로히토 천황 암살이었는데 관동 대지진이 발생하는 바람에 급히 돌아올 수밖에 없었습니다. 이 미완의 의거는 그로부터 9년 뒤 이봉창이 다시 시도했습니다. 두 번째 시도가 훙커우공원 의거였습니다. 이쯤 되면 백정기와 한인애국단은 떼려야 뗄 수 없는 깊은 인연인 것 같습니다.

마지막 세 번째 시도는 육삼정 의거였습니다. 1933년 3월 17일 상하이의 고급 식당 육삼정에서 당시 상하이 주중 일본 공사 아리

요시의 암살을 시도한 것입니다. 남화한인청년연맹은 일본 정부의 밀명을 받은 아리요시가 4,000만 엔(현재 가치로 2,000억 원)의 비밀 자금을 갖고 중국 국민당 정부의 고위 관리들을 매수해 만주를 포기하도록 교섭할 거라는 정보를 입수했습니다. 남화한인청년연맹의 의장 류자명과 흑색공포단 책임자 정화암 등이 단원 전체를 불러 의견을 물어보았고, 모든 단원이 죽음이 따르더라도 의거를 실행하겠다고 서로 자청했습니다. 결국 제비뽑기로 백정기, 이강훈, 원심창이 뽑힌 것입니다.

백정기를 비롯한 흑색공포단 단원들은 보름여 동안 온 힘을 기울여 의거를 준비했습니다. 이들은 아리요시의 사진을 구하고 그가 타고 갈 차량의 번호와 연회 장소 위치 등을 면밀히 알아냈습니다. 또한 육삼정을 직접 답사하고 작전 계획을 수립했습니다. 이 의거에

◦ 의거에 사용된 도시락 폭탄과 권총과 실탄

사용된 폭탄은 임시정부가 상하이를 떠나면서 건네준 것이었습니다.

육삼정 의거 계획은 간단했습니다. 아리요시가 연회를 끝내고 나와 차에 오르면 이강훈이 먼저 정문과 차량에 큰 폭탄을 투척하고, 추격해오는 적에게는 백정기가 수류탄을 던져 아라요시와 경호원을 처지하려는 계획이었습니다. 저항할 경우 백정기가 권총으로 확인 사살한 후 도주하기로 했습니다. 만약 실패해 붙잡히거나 총에 맞아 죽는다 하더라도 상하이와 베이징, 난징 등 중국 각 신문사에 거사 목적을 담은 선언문이 뿌려질 예정이었습니다. 그래서 백정기를 비롯한 단원들은 아쉬움도 후회도 없을 것 같다는 말을 했다고 합니다.

몇 차례 예행연습을 마친 후 거사 당일 저녁 류자명 의장이 마련한 송별회에 열한 명의 동지가 모였습니다.

"동지들, 저승에서 만납시다."

간단한 작별 인사를 남긴 백정기와 이강훈은 계획대로 연회가 열리기 전 육삼정에 도착했습니다. 그러나 곧바로 일본 경찰에게 체포되었습니다. 의거를 위해 준비했던 무기 또한 죄다 압수당했습니다. 남화한인청년연맹에 일본 경찰이 심어둔 밀정, 즉 스파이가 있었기 때문입니다.

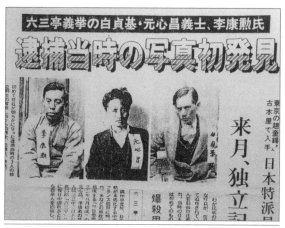

◦ 육삼정 의거 체포 당시 기사

　육삼정 의거 실패로 체포된 백정기는 재판에서 무기징역을 선고받았습니다. 그는 상고를 포기하고 복역하다가 폐병이 악화되어 복역한 지 1년도 채 안 된 1934년 6월 5일 서른여덟 살의 나이로 생을 마감했습니다.

　백정기는 일본 나가사키 이사하야형무소에서 운명하기 며칠 전 육삼정 의거를 함께 도모했던 이강훈과 원심창에게 유언을 남겼습니다.

　　"나는 몇 달을 더 못 살겠다. 그러나 동지들은 서러워 말라. 내가
　　죽어도 사상은 죽지 않을 것이며 열매를 맺는 날이 올 것이다. 형
　　들은 자중자애하여 출옥한 후 조국의 자주 독립과 겨레의 영예
　　를 위해서 지금 가진 그 의지, 그 심경으로 매진하기를 바란다. 평

◦ 백정기 의사 동상

생 죄스럽고 한이 되는 것은 노모에 대한 불효가 막심하다는 것
이 잊히지 않을 뿐이다. 조국의 자주 독립이 오거든 나의 유골을
동지들의 손으로 가져다가 해방된 조국 땅 어디라도 좋으니 묻
어주고, 무궁화 꽃 한 송이를 무덤 위에 놓아주기 바란다."

전라북도 정읍에는 백정기 의사의 기념관이 있습니다. 저는 촬
영을 위해 기념관을 방문했지만 넓은 공간에 백정기 의사의 생애
를 담백하게 표현한 전시실이 인상적이었습니다. 혹시라도 정읍
근처를 방문할 기회가 있다면 한번 들러 백정기 의사를 만나보는
것은 어떨까요?

4부

한국광복군,
조국 독립의
마지막을 불태우다

지청천　　한성수　　오광심　　이복원

황국 신민이 되기를 강요하다

일본은 1930년대에 접어들면서 본격적으로 대륙 침략을 전개했습니다. 1931년에는 만주사변을 일으켜 대륙 침략을 감행하면서 군대와 경찰을 늘려 식민지 조선에 대한 통제를 강화했고, 1937년 중일전쟁, 1941년 태평양전쟁을 일으키면서 전시 동원을 원활하게 할 목적으로 한국인을 일본 천황의 충실한 백성으로 만들려는 황국신민화정책에 박차를 가했습니다.

일본은 황국 신민의 서사를 만들어 억지로 외우게 했으며, 아침마다 천황의 거처가 있는 도쿄를 향해 절을 하며 경의를 표하는 궁성 요배, 전국의 각 면마다 일본 왕실의 조상신이나 국가 유공자의 위패를 모아둔 신사를 하나씩 지어놓고 참배할 것을 강요했습니다.

또한 중일전쟁 이후에는 민족말살정책을 본격화하면서 우리말 사용을 금지했습니다. 학교수업에서 조선어 과목을 폐지했으며, 모든 수업을 일본어로만 진행하게 했습니다. 한편, 성과 이름도 일본식으로 바꾸도록 강요했는데 이를 거부할 경우 자녀를 학교에 보낼 수 없었고 식량 배급도 받지 못했습니다.

1938년에는 국가 총동원법을 제정해 본격적으로 인력과 물자를 수탈했습니다. 지원병제, 징병제, 학도지원병제 등을 실시해 1945년까지 20만여 명의 청년을 전쟁터에서 총알받이로 내몰았고, 국민징용령을 내려 70만 명이 넘는 청장년을 탄광, 철도 건설, 군수 공장 등에 끌고 가서 노예처럼 일을 시켰습니다. 많은 젊은 여성을 전쟁터로 보내 '일본군 위안부'라는 이름 아래 갖은 수난과 희생을 겪게 했고, 전쟁 막바지에는 여자 정신근로령을 만들어 수십만 명의 여성을 군수 공장에서 일하게 했습니다. 또한 군량 마련을 위해 집집마다 목표량을 정해 쌀을 공출하고 식량 배급제를 실시했으며 무기를 만들기 위해 절이나 교회의 종, 가정에서 쓰는 놋그릇과 숟가락까지 빼앗아갔습니다.

항일 투쟁 세력, 임시정부로 모이다

윤봉길 의거 이후 일본의 탄압을 피하기 위해 임시정부는 상하이를 떠나 항저우, 난징, 창사, 광저우 등 중국 각지를 전전하다가 1940년 충칭에 정착해 전열을 새롭게 정비했습니다.

1940년 5월 임시정부는 중국 본토에서 활동하던 민족주의 계열의 한국독립당, 한국국민당, 조선혁명당을 통합해 김구를 위원장으로 하는 한국독립당을 결성했습니다. 임시정부는 헌법 개정을 통해 국무위원제를 주석제로 바꾸고, 김구 주석 중심의 단일 지도 체제를 마련했습니다.

임시정부는 중일전쟁 이후 일제와의 최후 일전을 위해 1940년 9월 한국광복군을 창설했습니다. 이로써 대한민국 임시정부는 정당(한국독립당), 정부(임시정부), 군대(한국광복군)를 모두 갖추게 되었습니다.

한국광복군을 창설한 후 본격적인 항일 투쟁을 준비하던 중 1942년 사회주의 색채가 강했던 조선의용대가 임시정부에 합류했습니다. 그러자 임시정부에 다른 사회주의 계열 단체의 인사들도 합류했고 중국 본토에서 활동하던 독립운동 단체들이 하나로 통합하기에 이르렀습니다.

임시정부는 일본의 패망을 확신하고 새로운 국가 건설을 준비하면서 1941년 11월 조소앙의 삼균주의에 입각한 대한민국 건국 강령을 발표했습니다. 건국 강령에는 정치적으로는 의회주의에 바탕을 둔 민주 공화국 건설, 경제적으로는 대기업의 국영화, 토지의 국유화, 자영농 위주의 토지 개혁 시행 등의 내용을 담겼습니다.

한국광복군, 국내 진공 작전을 준비하다

1941년 12월 일본이 태평양전쟁을 일으키자 임시정부는 대일 선전 포고문을 발표하면서 독립 전쟁을 전개했습니다. 이듬해 김원봉이 이끌던 조선의용대의 합류는 중국 본토 독립운동 단체의 통합에 기여함과 동시에 한국광복군의 군사력 강화에 크게 기여했습니다.

조선의용대를 흡수하면서 한국광복군 병력이 증강되자 임시정부는 연합군과의 합동 작전에 주력하기 시작했습니다. 중국 항일 전선에서 적에 대한 심리전을 펼쳐 큰 성과를 올리게 하고 이를 활용하려는 영국군의 요청에 따라 1943년에는 인도·미얀마(버마) 전선에 한국광복군을 투입했습니다. 이곳에서 한국광복군은 영국군과 공동 작전을 전개하면서 일본군의 문서 번역, 포로 심문, 일본군을 상대로 한 회유 방송 및 전단 살포 등의 심리전을 담당했습니다.

태평양전쟁이 막바지로 치닫자 임시정부는 독립 국가를 세우려면 우리 힘으로 일제의 항복을 받아내야 한다고 판단했습니다. 그래서 중국에 주둔해있는 미국의 OSS와 합작해 한국광복군 제2지대와 제3지대를 국내 투입 유격 요원으로 훈련에 참여시켰습니다. 또한 훈련을 마친 요원을 중심으로 1945년 8월 20일 국내 정진군을 조직해 국내 진공 작전을 계획했으나 일본이 연합군에 무조건 항복함으로써 이 계획은 실현되지 못했습니다.

임시정부는 1945년 8월 15일 충칭에서 조국 광복을 맞이했습니다. 27년의 여정 중 충칭에서 5년이라는 가장 짧은 기간을 보냈지만 가장 활발 활발하게 독립운동을 전개했습니다.

한국광복군 총사령관

미국에는 케네디, 루스벨트, 애덤스, 부시 등으로 대표되는 정치 명문가가 있습니다. 우리나라에서는 대를 이어 정치를 하고 국민의 존경을 받을 만한 정치 명문가가 쉽게 떠오르지 않습니다. 하지만 독립운동가 중에는 대를 이어 조국의 독립을 위해 평생을 바친 명문가가 있습니다. 바로 백산 지청천과 그의 자녀입니다.

지청천은 3.1운동 이후 망명한 이래 해방될 때까지 30년 가까운 세월을 만주와 연해주, 시베리아와 중국 등지를 누비면서 독립운동을 전개했습니다. 한국 독립운동사에서 항일 무장 투쟁의 상징적인 인물이자 무장 투쟁의 서막을 열고 대미까지 장식한 지청천을 만나보겠습니다.

대한제국의 군인, 일본에서 독립운동을 꿈꾸다

1888년 서울 삼청동에서 대대로 무관을 지낸 집안의 후손으로 태어난 지청천은 다섯 살이 되던 해 아버지를 여의고 편모슬하에서 어렵게 자랐지만 어린 시절부터 남달랐다고 합니다. 지청천은 여덟 살 때 일본인이 타고 가던 인력거에 돌을 던져 큰 소동을 일으킨 적이 있습니다. 몇 달 전 명성황후가 일본인의 손에 시해당한 분노를 억누르지 못하고 이 같은 행동을 한 것이지요.

지청천은 열여섯 살에 지석영*의 도움으로 배재학당에 입학했습니다. 배재학당은 선교사 아펜젤러가 세운 우리나라 최초의 근대 사학으로 기독교 정신과 개화사상에 근거해 신학문을 교육했습니다. 이곳에서 지청천을 포함해 초대 대통령 이승만, 한글학자 주시경, 소설가 나도향, 시인 김소월 등 많은 인재가 배출되었습니다.

이 무렵 일본은 러일전쟁 승리 이후 대한제국을 압박해 을사조약을 체결하고 외교권을 빼앗았습니다. 이때 지청천은 대한제국의 장래와 시국에 대한 대책을 토론하는 비밀 회합과 각종 회의를 만들고 참석했습니다.

"우리는 조선의 청년들이다. 우리는 최후까지 뭉쳐 조선 사람을 위해 싸우자. 총이 없으면 두 주먹이라도 한 놈 한 놈 때려눕히는 것이 조선 청년의 길이다."

---

* 우리나라에 천연두 예방 접종인 종두법을 처음 시행한 인물로 지청천의 재종숙이다.

。지청천이 공부했던 배재학당

　지청천은 군인이 되어 일본과 싸우기로 결심했습니다. 스무 살
이 되던 해 배재학당을 자퇴하고 장교 양성 기관이었던 대한제국
의 육군무관학교에 입학했습니다. 당시 육군무관학교는 일본이
고종 황제를 강제 퇴위시키고 대한제국 군대를 해산시키는 과정
에서 간신히 폐교를 면하고 축소된 형태로 운영되고 있었습니다.
이곳에서 지청천은 전술학, 군제학, 병기학, 축성학, 지형학, 외국
어학 등 장교가 되기 위한 기본 훈련을 받았고, 정규 학습과 군사
훈련이 없는 날에는 각종 강연회를 돌면서 군인이 되겠다는 의지
를 과감히 드러냈습니다.
　"우리는 어찌 군인으로 단결이 필요치 않겠는가? 명예나 지위
를 탐낼 때도 아니다. 우리가 들고 있는 이 총칼은 내 나라 내 민족

의 평화와 안전을 위하여 외적을 물리치는 힘의 상징이다. 우리는 이것을 명심, 또 명심해야 할 것이다."

1909년 8월 일본 통감부는 육군무관학교를 폐교시켰습니다. 그러고는 폐교로 인한 반발을 잠재우기 위해 재학생 44명을 대한제국 유학생이라는 이름으로 일본에 위탁 교육을 보내주었습니다. 1909년 9월 초 지청천도 일본 도쿄의 육군중앙유년학교로 유학길에 올랐습니다.

지청천을 비롯한 국비 유학생들은 일본어를 잘 알아듣지 못해 학업에 어려움을 겪었지만 군사 교육 수준이 체계적이고 선진화되었기 때문에 하나라도 더 배우기 위해 노력했다고 합니다.

1년 후 대한제국이 일본에 합병되었다는 소식을 접했습니다. 유학생들의 울분이 극에 달했고, 이 상황을 어떻게 대처할 것인가를 놓고 열띤 논쟁을 벌인 자리에서 지청천은 다음과 같이 말했습니다.

> "이왕 군사 훈련을 배우러 온 것이니 배울 것은 끝까지 배운 다음 장차 소위에서 중위로 진급하는 날 일제히 군복을 벗어던지고 조국 광복을 위해 총궐기하자."

이것이 유명한 '아오야마 맹세'입니다. 이 맹세는 끝까지 지켜졌을까요? 당시에는 모두가 지청천의 주장을 따르기로 했습니다. 하지만 훗날 이 맹세를 지킨 사람은 지청천, 이종혁, 조철호, 이동

◦ 일본 육군사관학교 한국인 유학생 단체 사진(지청천은 두 번째 줄 오른쪽에서 네 번째)

훈 단 네 명뿐입니다. 일부 퇴교자를 제외한 나머지는 친일의 길에 올라 온갖 부귀영화를 누렸습니다.

지청천은 1912년 6월경 육군중앙유년학교를 졸업한 후 도쿄의 육군사관학교 제26기생으로 입교해 각종 군 복무 규범과 예식 등 근대적인 지식을 습득했고 행군과 야영, 추격, 퇴각 등 실전 연습을 했습니다. 이때 배운 근대적인 군사 훈련은 훗날 지청천이 독립군을 양성해 일본군과 맞서 싸우는 큰 힘이 되었습니다.

지청천은 소위로 임관한 지 4년 만인 1918년 7월 중위로 진급했습니다. 그렇다면 아오야마 맹세는 언제 실행했을까요?

1919년 2월 천도교 최고 지도자 손병희가 은밀히 밀사를 보내 3월 1일 서울에서 독립선언서를 발표한다는 소식을 전했습니다. 지청천은 이 순간이야말로 일본 군적에서 벗어날 수 있는 기회라고 여기고 국내 귀국을 위한 준비를 착수했습니다.

그런데 일본군 중위였던 그가 원한다고 해서 군을 이탈해 한국으로 가기란 사실상 불가능에 가깝습니다. 이에 지청천은 극단적인 방법을 선택합니다. 일부러 밥을 굶어 폐렴에 걸린 후 3개월 간 휴양을 얻어낸 것입니다. 휴양에 들어간 지 1주일 만에 한국에서 3.1운동이 일어납니다. 그는 이때를 놓치지 않고 임시 귀국 휴가 서류를 작성해 부대에 제출하려고 했습니다. 이때 조선에서 새로운 연락 하나가 옵니다.

현재 조선을 독립시키고자 하는 분위기가 고조되고 있으니 지청천이 중심이 되어 일본 유학생들과 만세운동을 일으켜 달라는 것이었습니다. 이에 지청천은 조선 유학생들이 가장 몰려 있는 도쿄로 떠납니다. 하지만 헌병의 검문과 심문 등의 험난한 과정을 거치면서 더 이상 일본에서의 활동은 어렵다고 판단했고 어떻게 해서든 귀국하고자 했습니다.

지청천은 일부러 연일 술을 마시고 식사를 걸러 급성 폐렴에 걸린 것처럼 꾸며 1년 간 임시 귀국을 허락받았습니다. 그러고는 마침내 1919년 5월 하순 가족과 함께 귀국길에 오릅니다.

당시 서울에는 지청천보다 먼저 귀국한 일본 육사 3년 선배 김광서 중위가 있었습니다. 그는 국외로 망명해 독립운동에 투신하고자 3.1운동이 일어나기 직전인 2월 하순 병가를 내어 귀국한 상태였습니다. 김광서와 만난 지청천은 그와 함께 망명하기로 결심했습니다.

두 사람은 망명을 위해 일본 형사와 헌병대의 눈을 속이기 시작합니다. 낮에는 한가롭게 당구를 치고 밤에는 술집에 드나드는 행동을 매일 했던 것입니다. 일본의 감시가 느슨해지자 그들은 야간 열차를 타고 만주로 향했습니다.

일본군과 조선총독부는 지청천과 김광서의 망명 사실을 접하고는 곧바로 거액의 현상금을 걸었습니다. 고작 장교 두 명의 망명이었지만 일본은 큰 충격을 받았습니다. 출세가 보장된 일본군 장교직을 버리고 독립운동을 위해 망명을 나섰다는 것을 용납할 수가 없었던 것입니다. 반면 우리 독립운동 진영에서는 이들의 망명이 큰 힘이 되었습니다.

만주와 시베리아에서 사선을 넘다

만주로 망명한 지청천은 대형(大亨)이라는 본명을 '푸른 하늘을 되찾겠다'라는 뜻의 청천(靑天)으로 개명합니다. 조국의 독립을 되찾겠다는 의지를 이름에 새긴 것입니다.

지청천과 김광서는 서간도의 한인촌인 삼원보에 설립된 독립군 양성소 신흥학교를 찾아갔습니다. 교관이 부족해 체계적이고 근대적인 군사 훈련을 실시하지 못하고 재정난까지 겹쳐 학교 운영이 어려웠던 상황에서 두 사람의 합류는 큰 변화를 불러일으켰습니다. 일본 육군사관학교에서 최신 군사 지식을 배운 장교가 항일 무장 투쟁에 가담했다는 소문이 퍼져나가자 만주 지역 한인 동포들이 앞다투어 이곳으로 몰려들었습니다. 그리하여 신흥학교는

∘ 지청천   ∘ 김광서(김경천)   ∘ 신팔균(신동천)

본격적인 군사 훈련 기관이자 무관 양성 기관인 '신흥무관학교'로
확대 개편되었습니다.

만주 일대에 새로운 활력이 붙었습니다. 당시 한인촌에서는 '날
으는 홍범도, 뛰는 김좌진', '만주 삼천*이면 산천초목도 두려움에
떤다.'는 말을 모르는 사람이 없을 정도였습니다.

지청천은 신흥무관학교의 군사 훈련 실행 책임자인 교성대장
이 되어 신흥무관학교 개교식에서 독립군들 사이에 두고두고 회
자가 되는 명연설을 남깁니다.

> "조국 광복을 위해 싸웁시다. 싸우다 싸우다 힘이 부족할 때는 이
> 넓은 만주 벌판을 베개 삼아 죽을 것을 맹세합시다."

---

* 만주 독립운동 진영에서는 지청천, 김광서(김경천), 신팔균(신동천)의 이름에 포함된 '천'
을 따서 '만주 삼천'이라 불렀다.

신흥무관학교의 교육이 우수하다고 알려지자 인근 지역 한인 청년들은 물론 노장년층의 입교가 잇따랐고, 한 기수의 생도 수가 600여 명에 이를 정도였습니다. 신흥무관학교는 1920년 가을 폐교할 때까지 2,100여 명의 독립군을 배출했고 이들은 독립운동 각 분야에서 주역으로 활동했습니다.

지청천은 신흥무관학교에서 군사 교육에 많은 시간을 할애했습니다. 일본에서 익힌 최신 군사 이론과 경험 그리고 근대 병서와 군용 지도 등을 활용한 이 교육은 새벽 4시에 일어나 학과를 시작해 밤 9시까지 군대 전술과 유격 훈련 등 강도 높은 훈련이 진행되었습니다. 또한 그는 우리나라의 국어, 국사, 지리교육을 강조하며 학생들의 민족정신 함양에도 노력을 기울였습니다. 투철한 민족의식을 지닌 인재 양성만이 일본을 물리칠 수 있는 방법이라고 인식했기 때문입니다.

3.1운동 이후 당시 독립운동가들 사이에는 무장 독립 투쟁을 벌이는 것이 독립의 지름길이라는 생각이 널리 퍼지고 있었습니다. 그 결과 만주 일대에 서로군정서, 북로군정서, 대한독립군, 광복군 총영 등 50여 개의 크고 작은 독립군 부대가 조직되었습니다.

3.1운동 직후 수립된 상하이 임시정부는 직접 군대를 거느리지는 못했지만 만주 지역의 독립군 단체인 서로군정서, 북로군정서를 임시정부 산하로 재편했습니다. 특히 서로군정서는 신흥무관학교 출신이 중심이 되었고, 지청천은 신흥무관학교의 교성대장을 겸하면서 서로군정서 사령관을 맡았습니다.

◦ 1920년대 만주 지역에서 활동한 독립군

1920년대 초에 접어들자 만주에서 독립운동 세력이 커졌습니다. 1920년에만 1,651회에 달하는 독립군의 국내 진공이 전개되었고, 일본군은 이를 막기 위해 1920년 6월 독립군의 근거지였던 봉오동으로 진격해왔습니다. 홍범도의 대한독립군과 최진동의 군무도독부, 안무의 국민회군 등은 일본군을 봉오동 골짜기로 유인해 무찔렀습니다.

봉오동전투의 승리 이후 만주에 위기가 찾아옵니다. 일본이 중국 마적들을 매수해 훈춘의 일본 영사관과 민가를 습격하게 한 후이 사건을 독립군의 소행이라고 주장하며 약 2만 명의 대병력을

∘ 북로군정서의 청산리대첩 기념사진(앞에 앉아있는 사람이 김좌진)

만주에 파견한 것입니다.

김좌진의 북로군정서, 홍범도의 대한독립군, 천주교의 의민단 등 독립군 부대들은 일본의 대규모 공격에 대비해 백두산 서쪽으로 향하는 길목인 화룡현 청산리 일대로 집결했습니다. 청산리 일대는 밀림이 우거지고 지도상으로 측량되지 않은 지역이 많아 적은 병력과 화력으로 적의 공격에 대처할 수 있기 때문입니다.

지청천은 대대적인 전면전을 개시하기 전까지 우리의 힘을 온전하게 보전해 무장력을 강화하는 것만이 항일 전쟁에서 승리할 수 있는 길이라고 여겼습니다. 이에 그는 400여 명의 서로군정서를 이끌고 청산리 일대로 이동했습니다.

1920년 10월 21일 독립군 연합 부대는 추격해온 일본군을 청산리 일대의 삼림 지대로 유인한 후 6일간에 걸쳐 10여 차례의 치열한 전투를 벌여 대승을 거두었습니다. 지청천이 이끄는 서로군정서도 이 전투에 참여해 공을 세웠습니다. 일본군 1,200여 명을 사살하는 큰 전과를 올린 청산리대첩*은 3.1운동 이후 독립군이 거둔 최대의 승리였습니다.

◦ 1920년대 만주 상황

봉오동과 청산리에서 대패한 일본군은 1920년 10월부터 1921년 봄까지 독립군의 근거지를 없앤다는 명분으로 만주 출병을 단행했습니다. 그러고는 만주의 한인 촌락을 습격해 어린이와 부녀자를 비롯한 민간인 수천 명을 학살하고 가옥, 학교, 교회 등에 불을 지르는 '간도참변'을 일으켰습니다.

간도참변이 일어나자 만주의 독립군은 중국과 러시아 국경 지대에 있는 밀산부로 이동했습니다. 일본군과의 접전을 피해 일부러 험난한 길을 택해야만 했기에 밀산부에 도착하는 데 2개월이 걸렸습니다. 이곳에서 만주의 독립군은 36개 독립군 단체를 통합해 대한독립군단을 조직한 후 이듬해 약소민족의 해방운동을 지원하

---

* 1920년 김좌진의 북로군정서와 홍범도의 대한독립군이 주도한 전투로 일본군에게 막심한 피해를 입힌 우리나라 독립운동 역사상 최대 규모의 전투

겠다는 러시아의 도움을 기대하고 자유시로 이동합니다. 또한 러시아에서 활동하던 사회주의 계열의 항일 유격 부대도 이곳으로 모여듭니다. 지청천도 서로군정서와 함께 자유시로 합류했습니다.

지청천이 자유시에서 가장 먼저 한 일은 소련 정부와의 협상을 통해 이르쿠츠크에 고려혁명군관학교 설립을 승인받는 것이었습니다. 지청천의 노력으로 군관학교는 설립되었고 그는 교장에 취임해 다시 한 번 독립군 인재를 양성했습니다.

"우리의 목표는 속히 서울로 가서 태극기를 달고 애국가를 힘차게 부르는 것이다. 나는 그것을 보고 죽고 싶다. 그때까지 싸우겠다."

고려혁명군관학교에서는 군사 교련과 강연 및 토론회를 통한 정치 교육이 이루어졌습니다. 일부 교과목은 러시아 교관을 초빙해 가르치기도 했습니다. 하지만 항상 물자와 설비가 부족해 아침은 끓인 물 한 종지, 점심은 과우탕* 한 그릇을 먹고 훈련을 받았다고 합니다.

지청천은 자유시에서 우리나라 독립운동 역사상 최악의 비극을 경험했습니다. 자유시에 집결한 독립군은 여러 세력을 통합하는 과정에서 군 지휘권을 둘러싼 분란이 발생했습니다. 여기에 독립운동 지원을 약속했던 러시아적색군이 독립군의 지휘권 양도와 함께 무장 해제를 요구했습니다. 이 과정에서 러시아적색군 및 이를 지지하는 독립군과 반대하는 독립군 사이에 충돌이 일어나 독

---

* 소가 헤엄치고 지나간 것처럼 멀건 국물

립군 수백 명이 희생되었습니다. 이것이 바로 1921년 6월 28일에 벌어진 '자유시참변'입니다.

자유시참변 당시 지청천이 이끌던 부대는 거의 피해가 없었지만 두 달 후 독립군의 무장 해제 요구에 반대하다가 러시아적색군에 체포되어 이르쿠츠크로 끌려갑니다. 1922년 4월 사형 선고를 받은 그는 유언장까지 작성했습니다. 하지만 다행히 상하이 임시정부의 적극적인 구명운동으로 20여 일 만에 석방되어 시베리아를 떠날 수 있었습니다.

임시정부 덕분에 자유의 몸이 된 지청천은 다시 만주로 돌아와 6개월 후 상하이에서 국민대표회의가 개최되자 고려혁명군 대표로 참석합니다.

"만주나 연해주에 무관학교를 세워 독립 전쟁을 수행할 군사 인재를 양성하고 이들을 외국에 유학시켜 고도의 군사 전략과 전술을 갖춘 정규 군인으로 키워야 한다."

지청천은 국민대표회의에서 무장 독립 단체를 중심으로 독립운동 진영의 대동단결을 모색했습니다. 하지만 임시정부의 방향을 둘러싸고 격렬히 대립하는 독립운동가들의 모습에 불같이 화를 내고 다시 만주로 돌아가버렸습니다.

"에잇, 이 못난 인간들아. 왜 여기까지 와서 싸우고 야단이야!"

지청천이 떠나버린 국민대표회의는 기대한 성과를 거두지 못하고 마무리되었습니다. 이렇게 지청천과 상하이 임시정부의 첫 만남은 허망하게 끝나버렸습니다.

만주에서 무장 독립 투쟁을 진두지휘하다

이제 상하이에서 다시 만주로 가보겠습니다. 자유시참변을 겪은 독립군 부대들은 만주로 돌아와 조직을 재정비했습니다. 그 결과 1923년 압록강 건너 지안을 중심으로 한 지역에 참의부, 1924년 남만주 북부 지역에 정의부, 1925년 북간도와 북만주 지역에 신민부 등 세 개의 독립군 정부가 수립되었습니다. 지청천은 정의부에서 여러 독립운동 단체의 통합에 힘썼고, 정의부 군사위원장 겸 사령관을 맡았습니다.

세 개의 독립군 정부는 동포 사회를 이끌어가는 민정 조직과 독립군의 훈련 및 작전을 담당하는 군정 조직을 갖추었습니다. 또한 행정부, 입법부, 사법부를 구성하고 세금을 거두어 정부를 운영하면서 독립군을 양성했습니다. 즉 세 정부는 사실상 만주 동포 사회를 셋으로 나누어 이끈 공화주의적 자치 정부였습니다. 이후 통합운동을 전개해 1920년대 말에는 남만주의 국민부와 북만주의 혁신의회 두 세력으로 재편되었습니다. 국민부는 조선혁명당을 결성하고 그 아래 조선혁명군을 두어 남만주 일대에서 활동했고, 북만주에서는 혁신의회가 해체된 이후 지청천의 주도로 한국독립당이 결성되었고 그 산하에 한국독립군을 조직했습니다.

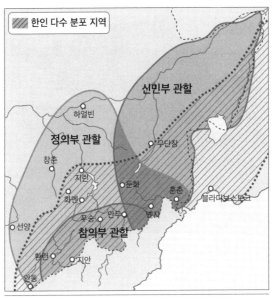

° 만주에 수립된 독립군 정부

1931년 만주사변*이 일어나자 중국인들은 일본군과 맞서 싸우기 위해 한국인들과 손을 잡아야 할 필요성을 느꼈습니다. 그 결과 만주의 독립군과 항일 중국인 부대의 한중 연합 작전이 전개되었습니다.

1932년 9월 19일 지청천이 지휘하는 한국독립군은 중국 호로군과 연합 작전으로 1차 쌍성보전투를 치렀습니다. 쌍성보는 교

---

* 1931년 일본이 만주 철도 선로를 폭파하고 이를 중국 측 소행으로 몰아붙여 만주사변을 일으키고, 이듬해에는 괴뢰국인 만주국을 세웠다.

∘ 1932년 9월 한국독립군이 점령했던 쌍성보 승은문

통 요충지로 만주 물산이 집결되고 일본인이 많이 살고 있는 주요 거점으로 약 3,000여 명의 일본군이 주둔해 있는 곳이었습니다. 한중 연합군은 세 개의 부대로 나누어 쌍성보성을 포위하고 총공세를 펼쳐 일본군 1,000명을 죽이고 2,000명을 생포하면서 승리했습니다.

두 달 후 한중 연합군은 대규모 군대와 폭격기까지 동원한 일본군과 2차 쌍성보전투를 치릅니다. 이 전투에서 한중 연합군은 패했고 쌍성보를 다시 빼앗겼습니다. 비록 두 번째 전투에서는 패했지만 쌍성보전투는 만주 독립군 전체의 사기를 높였고 만주 한인들의 항일 의식을 크게 고취시켰습니다. 이에 일본은 거액의 현상금을 내걸고 한국독립군 총사령 지청천을 체포하기 위해 혈안

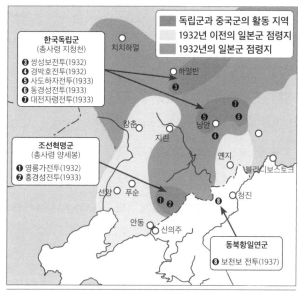

◦ 만주에서의 독립군 활약

이 되었습니다.

일본에게 다시 쌍성보를 빼앗긴 후 지청천은 향후 한국독립군이 지속적인 항일 투쟁을 전개하려면 중국 정부의 직접적인 원조와 만주의 여러 독립운동 단체의 적극적인 협력이 필요하다고 생각했습니다. 이를 위해 1932년 12월 한국독립군의 작전 지역을 북만주에서 지린성 일대로 이동합니다.

1933년 1월 지린에 주둔해있던 중국 스스잉 부대에 공동 연합 작전을 제안한 지청천은 경박호전투를 승리로 이끈 후 사도하자에 주둔하면서 병사 모집과 훈련에 열중했습니다. 독립군의 군세가 증가하는 것을 본 일본은 1933년 4월 15일 사도하자에 대규모 군대를 파견해 전투를 벌였지만 한중 연합군에게 대패했습니다.

1933년 6월 3일 지청천은 사도하자전투의 기세를 몰아 전 병력을 동원해 과거 발해의 수도였던 동경성을 공격했습니다. 한중 연합군은 전군을 세 개 부대로 나누어 제1군은 산간으로 진격해 일본군 후방 부대를 공격했고, 제2군은 일본의 구원병 진입을 차단했으며, 제3군은 좌우로 나누어 동경성을 공격했습니다. 세 시간 동안 이어진 동성성전투에서 한중 연합군은 일본군 대부분을 사살하고 나머지는 포로로 잡으면서 승리했습니다.

봉오동전투, 청산리대첩과 함께 독립군 3대 대첩으로 꼽히는 대전자령전투에서도 지청천은 눈부신 활약을 했습니다. 지청천은 대전자령 고개에서 일본과의 전투를 앞두고 장병들에게 지금까지도 회자되는 훈시를 남깁니다.

"대전자령의 공격은 2천만 대한 인민을 위하여 원수를 갚는 것이다. 총알 한 개 한 개가 우리 조상 수천, 수만의 영혼이 보우해주는 피의 사자이니 제군은 단군의 아들로 굳세게 용감히 모든 것을 희생하고 만대 자손을 위하여 최후까지 싸우라."

대전자령 고개의 지형지물을 이용한 한중 연합군의 매복 공격에 일본군은 총기와 군량 및 많은 군수 물자를 버리고 도주하다가 모두 궤멸되었습니다. 막대한 군수 물자의 노획은 우리나라 항일 무장 투쟁 사상 최대의 전과였습니다. 그래서 대전자령 전투를 '대전자대첩'이라고도 부릅니다.

안타깝게도 한중 연합 작전은 오래 지속되지 못했습니다. 대전자령전투 이후 중국군과 전리품 배분을 둘러싸고 갈등이 벌어지면서 중국과 협력하기가 어려워졌고 일본군의 대공세가 이어지면서 활동에 어려움을 겪었기 때문입니다. 결국 1933년 11월 지청천은 10여 년 동안 항일 투쟁을 전개했던 만주를 뒤로 하고 중국 본토로 이동합니다.

한국광복군의 총사령관이 되다

중국 본토로 건너온 지청천은 중국 중앙육군군관학교 낙양분교에 설치된 한인 특별반 간부로 초빙되었습니다. 김구의 요청을 받은 그는 북만주의 한국독립당 본부를 중국 본토로 옮기기로 하고, 간부 39명과 함께 노동자로 변장해 두세 명씩 조를 이루어 일본의 경계망을 뚫고 베이징으로 이동 후 곧바로 난징에 가서 한인 특별반 교관으로 부임합니다.

1934년 2월 28일 92명의 생도로 한인 특별반이 특설되자 지청천은 책임자로서 군사 훈련을 지도했습니다. 생도 가운데 한국독립군 출신이 가장 많았고 김구가 서른여덟 명, 김원봉이 열다섯 명 입교시켰습니다. 20대 중반의 지청천 아들 지달수도 이곳에서 훈

° 지청천과 김구
(출처: 백범김구선생기념사업협회)

련을 받았습니다.

1935년 4월 당초 계획과는 달리 1기생 62명의 졸업생을 배출시킨 뒤 한인 특별반은 문을 닫아야만 했습니다. 일본이 한인 특별반의 개설 사실을 접하자마자 중국 국민당 정부에 한인 특별반의 폐쇄와 한국 독립운동에 대한 지원 중지를 요구했기 때문입니다. 일본과의 국제적 분쟁을 우려한 중국 국민당 정부는 한인 특별반을 폐쇄할 수밖에 없었습니다. 훗날 한인 특별반 입교생들은 조선의용대와 한국광복군의 주요 구성원이 되어 중국 본토에서 독립운동을 주도했습니다.

이 무렵 중국 본토에는 다양한 성향의 독립운동가들이 활동했고 여러 독립운동 단체가 있었습니다. 이러한 상황에서 항일 전선을 하나로 통합하려는 시도가 일어났고 1935년 민족혁명당이 창당되었습니다. 그 누구보다 독립운동 세력 간의 통합과 단합을 중시했던 지청천은 민족혁명당에 참여해 군사국위원장을 맡았습니다.

하지만 민족혁명당은 얼마 지나지 않아 균열의 조짐이 나타났습니다. 우선 임시정부를 고수하려는 김구는 처음부터 불참했고,

◦ 지청천과 임시정부 요인들(지청천은 앞줄 왼쪽에서 두 번째)

◦ 한국광복군 총사령부 성립 전례식 후 한중 대표 기념사진
(지청천은 앞줄 왼쪽에서 일곱 번째, 김구는 앞줄 왼쪽에서 여덟 번째)

특히 민족혁명당 내에서 사회주의 색채가 짙은 의열단이 주도권을 잡자 이에 불만을 품은 민족주의 계열의 일부 세력이 탈당해 임시정부에 합류했습니다. 지청천도 그중 한 명입니다.

1937년 중일전쟁이 일어나자 지청천은 임시정부에서 본격적인 활동을 시작합니다. 1939년 10월 3일 치장에서 열린 임시의정원 회의에서 내무부, 외무부, 군무부, 법무부, 참모부, 재무부 등 여섯 개 부서의 책임자를 선출했는데 지청천은 군사 활동을 관장하는 군무장에 선임되었습니다. 여기서 그는 〈독립운동 방략〉 중 군사 관련 사항을 제시했습니다.

> 우리의 독립운동은 조직적으로 훈련받은 영용한 무장 독립군이어야만 성공할 수 있으므로 금후 3년간에 소요의 장교 양성과 기본적 임무를 다할 만한 수효의 무장대 편성과 각지에서 맹렬히 활동할 유격대 활동에 전력하여 적으로부터 교전할 만한 군사상 기초를 확립할 것
>
> — 〈독립운동 방략〉 중에서

지청천은 임시정부가 한 곳에 정착하지 못하고 옮겨 다녀 제대로 군사 활동을 못한 것을 파악하고 3년 동안의 장교 양성과 중국 각지에서 활동할 유격대 훈련 실시 등을 주장한 것입니다.

1940년 충칭에 정착한 임시정부는 김구, 지청천, 조소앙 등을 중심으로 민족주의 계열 정당을 통합한 한국독립당을 만들고 임

시정부를 이끌어 나갔습니다. 지청천은 군무장으로서 임시정부의 오랜 숙원 사업이자 본격적인 항일 투쟁을 위해 군대 창설을 주도했습니다.

1940년 9월 17일 지청천을 총사령관으로 하는 한국광복군이 창설되었습니다. 창설 당시 총 네 개 지대(제1지대, 제2지대, 제3지대, 제5지대)로 편제되었는데 제5지대 이외에는 병력이 확보되지 않은 상태였습니다. 군대 조직을 갖추어놓고 병력을 충원하던 중 1942년 김원봉의 조선의용대가 임시정부에 합류하면서 한국광복군은 김원봉과 이범석, 김학규를 지대장으로 삼은 제1지대, 제2지대, 제3지대로 개편되었습니다.

신흥무관학교, 고려혁명군관학교, 낙양군관학교 한인 특별반 등을 통해 독립군 양성에 심혈을 기울였던 지청천은 그 누구보다 병력 모집의 중요성을 알고 있었습니다. 한국광복군 총사령부와 지대를 편제해 군대로서의 조직이 갖춰지자 각 지대별로 초모 활동 구역을 정해주고 병력 모집을 지시했습니다. 초모 활동의 대상은 만주 지역에 있는 한인 청년을 비롯해 중국 본토의 일본군 점령 지역에 이주해있는 한인 청년들과 일본군으로 끌려나온 한인 장병이었습니다.

초모 활동은 일종의 적후 공작이자 비밀 지하공작이었습니다. 이 과정에서 일본 밀정의 함정에 걸려 거점이 탄로나거나 공작 대원들이 일본군에 체포되어 희생되는 경우도 있었습니다.

지청천은 많은 위험이 도사리는 초모 활동에 자신의 두 아들 지

○ 지복영

달수와 지정계, 딸 지복영을 참여시켰습니다. 한인 특별반 출신 지달수는 1941년 2월 공진원, 나태섭 등과 함께 쑤이위안성(수원성) 포두로 초모 활동을 떠났습니다. 스무 살을 갓 넘긴 지복영은 시안(서안)에 있는 총사령부에서 활동하다가 1942년 4월 김학규, 오광심, 신송식 등과 함께 안후이성(안휘성) 푸양(부양)으로 파견되어 초모 활동을 전개했습니다.

자식을 사지로 내모는 지청천이 비정하게 보일 수도 있지만 그의 자녀들은 초모 활동이 병력을 모집할 수 있는 최고의 방법이자 조국 독립을 위한 길임을 알고 있었습니다. 특히 지복영은 한국광복군 여성대원이 되고자 아버지 지청천을 직접 찾아갔습니다.

"저라도 필요하면 써주십시오"

"잘 생각했다. 조국 독립하는 데 남녀를 가리겠느냐. 한국의 잔다르크가 되어라."

지복영은 한국광복군 창설 초기에 참여한 여섯 명의 여성 중 한 명입니다. 사령부의 비서 사무 및 선전 사업 분야에서 활동하던 그녀가 초모 활동에 나서기 위해 최전선 파견을 자원하자 주변 사람들이 그녀를 뜯어 말렸습니다.

"지청천 장군이 아시면 큰일 납니다!"

지복영은 주위의 만류에도 밤새 편지를 써서 아버지를 설득했

◦ 영국군과 같이 활동한 인면전구공작대원

습니다. 결국 지청천은 지복영의 의지를 꺾지 못하고 최전선 파견
을 허락했습니다.

"내가 남의 자식도 보내는데 내 자식이 귀하다고 못 보내겠느
냐. 좋다, 잘 생각했다."

병력 모집과 함께 지청천은 미국, 영국 등의 연합군과 함께 대
일 항전을 전개하는 전략을 세웠습니다. 글과 각종 기자 회견을 통
해 연합군과 함께 대일 전쟁을 수행할 것을 천명하고, 한국광복군
기관지인 〈광복〉을 통해서도 "현 단계에서 우리의 가장 절박한 임
무는 국제 지위를 획득하는 것"이라며 중국과 연합해 대일 전쟁을
전개해야 함을 강조했습니다.

1943년 그토록 원하던 연합군과 함께 대일 항전을 전개할 수 있
는 기회가 왔습니다. 한국광복군이 중국의 항일 전선에서 일본군

에 대한 심리전을 펼쳐 큰 성과를 올리자 이를 활용하려는 영국군의 요청에 따라 공동 작전을 전개하게 된 것입니다.

지청천은 한국광복군 각 지대에서 신체 조건과 영어 구사 능력 등을 고려해 인면전구*공작대 아홉 명을 선발한 후 인도·미얀마 전선에 파견했습니다. 당시 미얀마는 미국을 비롯한 연합군이 중국 전선으로 전쟁 물자를 수송하는 주요 통로였습니다. 일본군이 미얀마를 점령하면서 수송 루트가 차단되자 이를 타개하기 위해 영국군과 중국군은 일본군과 치열한 접전을 벌였습니다. 인면전구공작대는 최전선에 투입되어 활약했습니다.

티팀철수작전과 임팔대회전에서 많은 공을 세운 인면전구공작대는 1945년 5월 미얀마 탈환 작전이 영국군의 승리로 종결되자 인도 콜카타로 철수했습니다. 그리고 콜카타에서 꿈에 그리던 광복을 맞이했습니다.

1945년 임시정부는 미국의 OSS와 공동 작전을 펼쳤습니다. 일명 '독수리 작전'이라고 불리는 이 작전은 한국광복군 대원들에게 OSS 훈련을 실시하고 이들을 국내에 진입시킨다는 것이 주요 내용이었습니다.

지청천은 한국광복군과 미군의 국내 진공 작전이 시행될 수 있도록 큰 역할을 담당했습니다. 1945년 4월 1일 싸전트 대위를 만나 미국 OSS와의 공동 작전 수행을 이끌어냈고, 5월부터 50명의

---

* 인면전구는 인도와 미얀마 전선을 말한다.

◦ 미국의 OSS 도노반 국장과 국내 진입 작전을 협의한 임시정부 요인들
 (김구는 맨 앞쪽 왼쪽, 엄항섭은 뒷줄 맨 왼쪽, 지청천은 뒷줄에서 세 번째)

◦ 미국 OSS 대원과 한국광복군 대원

○ 광복 후 충칭에서 상하이에 도착한 임시정부 요인들
(지청천은 왼쪽에서 두 번째, 김구는 왼쪽에서 세 번째)

대원을 선발해 훈련받도록 했습니다. 1945년 8월 4일 제1기생의 훈련이 완료되자 지청천은 김구, 엄항섭 등 임시정부 요인 열아홉 명과 함께 시안으로 떠났습니다. 그곳에서 OSS 총책임자 도노반 소장과 홀리웰 대령, 훈련 책임자 싸전트 대위 등과 함께 국내 진공 작전 문제를 협의했습니다.

1945년 8월 20일로 계획되었던 국내 진공 작전은 실행에 옮겨지지는 못했습니다. 8월 6일 히로시마, 9일 나가사키에 원자 폭탄이 잇따라 투하되고, 소련이 대일전에 참전하자 일본이 8월 10일 저녁 무조건 항복 의사를 연합국에 통보하고 8월 15일 전 세계에 항복을 공표했기 때문입니다.

일본의 항복 소식에 지청천과 김구 등 임시정부 요인들은 크게 낙담했습니다. 한국광복군이 국내에 투입되었다면 승전국의 대열에 합류할 수 있었지만 계획이 실패로 돌아감으로써 향후 임시정부가 국제 사회에서 발언권이 약해질 수밖에 없다고 판단했기 때문입니다.

지청천은 꿈에 그리던 광복을 맞이했지만 곧바로 국내에 귀국하지 않고 중국에 머물렀습니다. 중국 각지에 흩어져 있는 한인 청년들을 한국광복군으로 흡수 편입한 후 조직과 세력을 확대해 해방된 조국에 바치고자 했기 때문입니다.

지청천은 남한 내 국군 창설이 절실하게 요구되는 시기에 귀국을 결심했습니다. 그래서 3.1운동 직후 만주로 망명한 이래 근 30년 만인 1947년 4월 22일 서울에 도착했습니다.

그는 1948년 5월 10일 남한에서 실시된 최초의 민주적인 총선거에서 서울 성동구에 출마해 전국 최다 득표로 제헌 국회의원에 당선되었습니다. 목숨을 걸고 무장 독립 투쟁을 이끌었던 공로를 유권자들에게 인정받은 것입니다.

1948년 8월 15일 대한민국 정부가 수립되자 지청천은 초대 무임소 장관으로 임명되었고 이후 2대 국회의원, 국방위원장 등으로 활동하다가 1957년 1월 15일 일흔 살의 나이로 생을 마감합니다. 그는 6.25전쟁이 끝난 직후 1953년 광복절을 맞아 미처 이루지 못한 과제들을 일기로 적어놓았습니다. 당시 그가 고민한 과제는 지금의 우리나라가 풀어야 하는 문제이기도 합니다.

오늘은 악랄한 일제가 패망 투항한 날, 우리 민족이 해방된 지 8년째의 날, 대한민국이 건립된 지 5년째의 날이다. 아, 감개가 무량이다. … 건국 사업에 심중 포부를 시전하지 못하고 답답한 기일을 허송하는 금일의 신세요. 남북통일의 방법은?! 사상 통일의 방법은?! 민생고 해제의 처방은?! 민주주의의 정궤적 발전은?! 정부, 입법, 사법 등 국민과의 단결과 진책은?! 진정한 부국강병은?! 세계 일가의 구현은 언제?

지청천은 30년 가까이 신흥무관학교 교관, 서로군정서 사령관, 한국독립군 총사령관, 임시정부 군무부장 그리고 한국광복군 총사령관 등을 거치면서 항일 무장 투쟁에 매진한 참 군인입니다. 해방 이후에는 중앙 정계에서 크게 활약하면서 정치인으로서 두각을 나타내기도 했습니다. 지금 시대 우리에게 필요한 지도상을 지청천에게서 한번 찾아보는 건 어떨까 싶습니다.

학병 탈출 1호 한국광복군

'꽃길만 걷자'라는 말은 '좋은 일만 생기기를 바란다'는 의미를 비유적으로 표현한 말입니다. 우리 앞에 '꽃길'과 '가시밭길'이 있다면 1초의 고민도 없이 모든 사람이 꽃길을 선택할 것입니다. 그런데 우리나라 독립운동가 중에는 꽃길을 앞에 두고 가시밭길을 선택한 인물이 있습니다.

학도병으로 일본군이 되다

일제 강점기가 한창이던 1920년 8월 18일 평안북도 신의주에

° 오산학교 1회 졸업생들

서 태어난 한성수는 보통학교를 졸업하고 1934년 3월 평안북도 정주의 오산학교에 입학했습니다. 당시 오산학교는 수많은 애국 청년과 민족 지도자를 양성한 민족 학교였습니다.

한성수는 1939년 오산학교를 졸업한 후 일본으로 건너가 일본 전수대학에 입학했습니다. 이 무렵 창씨개명에 대한 법령이 제정되어 학업을 계속하기 위해서는 일본식으로 이름을 바꿔야 했는데 한성수는 '조궁성수(朝宮聖洙, 미야 세이슈)'로 개명했습니다. 그런데 성씨가 가진 의미가 '조선(朝鮮)의 궁궐(宮闕)'입니다. 조선 왕조를 의미하고 그것이 '한(韓)'이라는 본래의 성과 맥락이 맞아 떨어지니 이는 분명 한성수가 일부러 의도했을 것입니다.

일본은 1937년 중일전쟁을 준비하면서 조선에서도 전시 동원 체제를 갖추어 인적 물적 자원 수탈에 나섰습니다. 무엇보다 전쟁

◦ 강제 징병당한 학생들

의 승리를 위해 전장에서 활약할 전투 병력을 동원하는 지원병제를 1938년부터 실시했습니다.

한성수가 일본 전수대학에서 한창 공부하던 1941년 일본은 태평양전쟁을 일으켰고 1943년 학도지원병제를 실시해 학생들마저 전쟁에 동원했습니다. 1944년에는 징병제를 실시했는데 일본이 패망할 때까지 약 20만 명의 청년이 전쟁터로 끌려갔습니다.

한성수도 일본의 학도지원병제를 피할 수 없었습니다. 일본은 1943년 9월 법학부와 문학부를 비롯한 인문계열 대학생과 고등전문학교 학생들에게 제공한 징병 유예 혜택을 폐지하고 학생들을 전쟁터로 내몰았습니다. 12월에는 징병 연령을 20세에서 18세로 낮췄습니다. 당시 일본 학도병은 일본 전역에서 12~13만 명이었는데 전세가 다급해지자 한인 유학생들도 동원하기 시작했습니다.

일본 전수대학에서도 1,502명의 학생이 징병되었습니다. 한성수도 태평양전쟁이 한창이던 1944년 초 학도병으로 일본군에 징집되었습니다. 명분은 한인 대학생들에게도 천황을 위해 전쟁에 참여할 수 있는 기회를 부여한다는 것이었지만 일본의 진정한 속내는 따로 있었습니다. 청년 지식인들을 침략 전쟁의 최전선으로 내몰고 총알받이로 활용하려는 조치였습니다. 일본의 강압에 의해 식민지 조선과 일본에서 재학 중이던 한인 청년 4,000여 명은 군대에 지원할 수밖에 없었습니다.

학병 탈출 1호가 되다

당시 일본의 강압으로 끌려온 학병들은 징집 거부, 훈련 거부, 부대 탈출 그리고 부대 내 투쟁 등으로 항일 투쟁을 해나갔습니다. 그중 가장 강력한 항일 투쟁은 바로 부대를 탈출하는 것이었습니다.

1944년 1월 20일 평양 주둔 제50부대에 강제 입대한 한인 학병 50여 명은 주로 평안남북도 출신으로 동향이거나 학교 동창 등의 관계로 구면인 사람이 많았습니다. 덕분에 이들은 훈련이 끝난 후 탈출 논의를 자연스럽게 진행할 수 있었고 그 논의의 중심에 한성수가 있었습니다.

한성수를 포함한 학병들은 입대한 지 한 달도 안 된 1944년 2월 16일 중국의 장쑤성(강소성) 쉬저우(서주) 인근에 주둔 중인 일본군 65사단에 배속됩니다. 한성수는 중국 전선에 배속되자 입대 전부터 계획했던 부대 탈출을 준비했습니다.

한성수는 입영을 앞두고 부모와 아내에게 말했습니다.

"죽어도 일제의 앞잡이가 되어 침략에 가담하고 싶지 않다. 일제의 제물이 되기보다는 죽더라도 꼭 탈출하겠다."

당시 평양 주둔 제50부대에서 훈련을 마친 학병들은 중국 대륙 전선과 남양 군도*에 배치되었습니다. 영어 실력이 뛰어났던 한성수는 자신이 남양 군도로 파견될 거라고 예상했고 남양 군도에 배치되면 미군 쪽으로 탈출하겠다고 누나들에게 말했습니다.

"남양 군도로 가면 탈출해 세계 일주를 하고 돌아오겠다."

하지만 계획과는 달리 그는 중국 대륙 전선에 배치되었습니다. 한성수는 중국 대륙 전선에 배속된 후에도 계속해서 탈출 기회를 엿보다가 1944년 3월 26일 오건, 이종무와 함께 부대 탈출을 감행했습니다. 무려 세 번의 시도 끝에 탈출에 성공한 이들의 목표는 단 하나, 임시정부의 한국광복군에 합류하는 것이었습니다.

이들의 탈출은 해당 지역 한인 학병 탈출 첫 번째였습니다. 한성수의 탈출은 겁이 많고 가족이 그리워 눈물만 흘리던 한인 학병 청년들에게 큰 자극을 주었습니다. 아무 의미 없이 총알받이로 죽

---

* 태평양의 적도 부근에 흩어져 있는 섬들

을 거라면 조국을 위해 싸우다 죽겠다는 생각을 하도록 만든 것입니다. 학병으로서 항일 투쟁을 준비하던 이들에게는 자신감을 심어주었습니다.

한성수의 탈출을 시작으로 한인 학병 청년들의 강력한 항일 투쟁이 시작되었습니다. 중국 쉬저우에서는 장준하, 윤경빈, 박영록, 백정갑, 윤영무, 이영길, 노능서, 김우전 등이, 중국 쑤셴(숙현)에서는 석근영, 김유길 등이 단독으로 혹은 삼삼오오 짝을 지어 일본군을 탈출했습니다.

탈출한 학병들은 중국 군대나 임시정부에 합류해 지속적으로 선전 공작을 수행했고, 이에 따라 일본군 내 한인 학병들의 동요는 갈수록 심화되었습니다. 나날이 늘어가는 학인 학병들의 탈출을 더 이상 방치할 수 없기도 했거니와 한인 학병들의 부대 탈출이 전투력 저하뿐 아니라 군 전체 사기에도 큰 영향을 미친다고 본 일본군은 순찰 장교를 파견하고, 탈출과 관련한 정보를 얻을 수 있는 임무에서 배제시키고, 부대 안에서 한인 학병들을 분산시키는 등 갖은 노력을 기울였지만 탈출은 계속 이어졌습니다.

한인 학병에서 한국광복군이 되다

탈출에 성공한 세 사람은 일본군 부대 철조망을 넘은 후 헤어지고 말았습니다. 오건과 이종무는 14개월 동안 중국 산시성(섬서

。 한국광복군 제3지대의 훈련 모습

성)에 있던 보계수용소에서 포로 생활을 하다가 광복을 석 달 앞
둔 1945년 5월 석방되어 시안의 한국광복군 제2지대로 입대했습
니다. 반면 천신만고 끝에 중국 안후이성 푸양에 도착한 한성수는
그곳에서 한국광복군을 만나 제3지대에 입대할 수 있었습니다.

한인 학병 탈출 1호 한성수의 합류는 한국광복군 내에 큰 반향
을 불러 일으켰습니다. 일본 최고 교육을 받은 엘리트가 일본군의
앞잡이가 아닌 강제 동원되자마자 탈출해 한국광복군을 찾아온
것이기 때문입니다. 게다가 한성수의 합류 이후 학병 출신들이 연
달아 찾아오고 있었습니다. 여기에 고무된 한국광복군 제3지대장
김학규는 학병들에게 군사 교육을 시키고자 한국광복군 군사훈련
반을 설치했습니다.

꿈에 그리던 한국광복군에 입대한 한성수는 한국광복군 군사

° 사격 훈련 중인 한국광복군(출처: 독립기념관)

훈련반 1기생으로 입교해 교육과 훈련을 받았습니다. 5개월 동안 군사·훈련·정신·학교 교육을 받은 48명의 교육생은 졸업 후 한국 광복군의 초급 장교로 거듭났습니다. 당시 동료들의 증언에 따르면 한성수는 뛰어난 신체 조건과 음악적 재능, 열정적이면서도 후덕한 인품, 카리스마 있는 지도력 등을 지닌 누가 봐도 멋진 청년이었습니다.

임시정부는 한국광복군 군사훈련반 졸업생들의 진로 문제를 두고 논의했습니다. 한성수를 비롯한 열두 명은 하루라도 빨리 한국광복군의 일원으로 항일 투쟁에 나서기 위해 최전방 근무를 자청했고, 장준하를 비롯한 36명은 임시정부 청사가 있는 충칭으로 향했습니다. 충칭으로 간 이들은 임시정부의 경위대와 한국광복군 총사령부에서 근무했고, 일부는 시안에 있는 한국광복군 제2지대로 차출되어 미국 OSS와의 공동 작전을 위한 특수 훈련을 받고 국내 진공 작전 투입을 준비했습니다.

상하이 침투 그리고 장렬한 순국

당시 한국광복군의 최대 과제는 병력을 확보하는 일이었습니다. 한성수를 포함해 현지 잔류를 선택한 열두 명은 한국광복군 제3지대의 기간요원이 되어 적 후방에 침투해 한인 청년들을 모집하는 초모 공작을 전개했습니다.

초모 공작은 목숨을 걸어야 할 정도로 위험 부담이 큰 작전입니다. 중국 여러 지역에서 초모 공작을 전개하던 한성수는 최전방에서 한인 청년들을 포섭해 한국광복군으로 인도하고 싶다는 생각에 제3지대장 김학규를 찾아가 상하이로 보내달라고 요청합니다.

일본군을 탈출해 수배받고 있는 처지인데다 윤봉길 의거 이후 친일적인 색채로 변한 상하이에서 후방 공작 활동은 결코 쉬운 일이 아니었기에 김학규는 쉽사리 허락할 수 없었습니다. 하지만 한성수의 계속된 간청에 김학규의 마음이 움직였습니다.

1944년 11월 일본군을 탈출한 지 불과 8개월 만에 한성수는 적의 소굴로 다시 들어가게 되었습니다. 눈보라가 몹시 치던 날 홍순명과 김영진을 인솔해 상하이로 떠나는 한성수를 동료들은 몇 킬로미터나 되는 거리를 함께 따라가며 송별했습니다. 한성수는 동

◦ 한성수

료들을 향해 소리쳤습니다.

"적진에 뛰어들어야만 해답을 찾아낼 수 있는 이 길! 우리는 기필코 해내고야 말겠습니다!"

김학규의 우려대로 상하이에서의 공작 활동은 위기의 연속이었습니다. 하지만 그의 노력은 빛을 발했습니다. 상하이에서 지하공작을 펼치고 있던 박윤석과 탈출 학병 허암 등 10여 명의 한인 청년을 포섭하는 데 성공한 것입니다.

한성수는 상하이에서 초모 공작을 전개한 지 약 3개월 되던 즈음에는 독립운동 자금 모집에도 직접 나섰습니다. 상하이 재계의 패자로 불리는 한인 갑부 손창식을 만나기 위해 이상일이라는 가명으로 그의 사무실을 방문한 것인데 그 자리에서 김학규가 써준 메모를 건네면서 군자금 제공을 요청했지만 손창식은 단칼에 거절했습니다. 그는 중일전쟁 이후 적극적인 친일파로 돌아섰기 때문입니다.

한성수와 손창식의 만남은 애초에 이루어져서는 안 되는 것이었습니다. 손창식을 방문한 직후 한성수는 홍순명, 김영진, 박윤석, 허암 등과 함께 상하이 주둔 일본군 헌병대에 체포되었습니다. 여러 가지 정황으로 미루어보아 이들의 체포에 손창식이 직간접으로 개입했을 가능성이 큽니다.

체포된 이들은 난징의 일본군 형무소로 옮겨져 혹독한 고문을 받습니다. 일본군을 탈출한 이력이 있는 한성수는 더욱 잔혹한 고문을 받았습니다. 그럼에도 한국광복군과 관련된 기밀은 일절 말하지 않았다고 합니다.

극심한 고문을 받은 한성수는 일본군 군법 회의에 회부되었는데 등에 업힌 채 재판을 받아야 했을 정도로 고문 후유증이 심했습니다. 비공개로 치러진 이 재판에서 지금까지 한국광복군의 귀감으로 회자되는 법정 투쟁이 벌어졌습니다.

재판장에서 검찰관이 일본어로 심문했으나 한성수는 일본어 사용을 강력하게 거부해 하는 수 없이 통역관을 불러 재판을 속개했습니다.

일본 재판관이 한성수에게 물었습니다.

"너는 일본에서 대학을 다닌 학병 출신인데 왜 국어(國語)를 쓰지 않는가? 그대 나라에서도 이미 일본어가 국어가 된 것을 알 텐데 더욱이 그대는 일본에서 대학을 다녔으니 일본어를 모른다고 말할 수 없다. 그토록 잊었단 말인가?"

"나는 한국인이다. 너희들은 일본어를 국어라 하지만 나의 국어는 아니고 원수의 말이다. 나의 국어는 오직 한국어뿐이다. 그래서 나는 한국어를 쓴다. 이것을 이해할 수 없다는 말인가?"

"혹시 마음을 바꾸어 일본군에 협력한다면 형을 가볍게 해줄 수도 있다."

평범한 사람이라면 일본 재판장의 유혹에 넘어갔을 겁니다. 하지만 한성수는 일말의 흔들림도 없었습니다.

"그대들이 조국에 충성을 맹세하는 것과 마찬가지로 나는 내 조국에 충성을 맹세한다. 일본에 협력 가담하지 않는 것이 조국에 대한 충성이다."

"일본의 대동아전쟁을 어떻게 보는가? 너희들은 대일본 제국이 이번 전쟁에 승리할 것을 믿고 있겠지?"

재판장의 질문에 한성수는 분노에 찬 어조로 말했습니다.

"일본은 이번 전쟁에서 기필코 패전히고야 만다. 미·영·중·소 등 연합국의 합동 작전으로 태평양 방면은 물론 인면 전선과 중국 전선에서 참패하고 있지 않는가? 고로 일본은 머지않아 무조건 참패할 것이다. 그때 가서는 대한민국을 독립시켜주지 않은 것을 후회할 것이며, 한국 독립군이 독립운동을 하다가 무수히 희생을 당한 것과 같은 고초를 침략자인 너희들도 당하고 말 것이다."

"너를 관대히 봐줄 테니 다시 마음을 고쳐먹을 수 없겠는가?"

일본 재판장은 마지막 회유를 시도했지만 한성수의 답변은 망설임이 없었습니다.

"너희들이 너희 나라에 충성하려고 애쓰는 만큼 나도 우리 조국을 위하여 충성을 다하고 싶다."

한성수는 태연하고 준엄하게 일본 재판장을 꾸짖었습니다. 일본을 상대로 죽음을 두려워하지 않고 조국 독립에 대한 확신을 갖고 법정 투쟁을 벌였던 것입니다. 한성수의 말 한마디에 조국에 대한 사랑과 긍지가 배어나오지 않나요?

민족적 자존심과 긍지를 보여주고 일본 패망에 대한 정확한 예견을 했던 한성수는 사형을 선고받았습니다. 죄목은 한국광복군 공작 책임자이자 일본군을 탈출해서 한국광복군에 가담해 활동했다는 이른바 '분적이적군기밀누설'과 '치안유지법 위반'이었습니다. 한성수는 사형 판결을 의연하게 받아들였습니다. 함께 붙잡힌 홍순명은 징역 5년, 김영진은 징역 3년, 나머지 네 명은 단기형을 선고받았습니다.

1945년 5월 13일 한성수는 사형 판결을 받은 지 이틀 만에 참수형을 당했습니다. 그의 나이 스물다섯 살이었습니다. 나머지 동지들은 1945년 6월 하순 국내로 압송되어 서대문형무소에서 옥고를 치르다가 8월 15일 광복과 더불어 석방되었고, 한성수의 유해는 일본 도쿄의 우천사에 송환되어 방치되었다가 순국 후 26년 만인 1971년 11월 20일 고국으로 봉환되었습니다.

스물다섯 살, 오늘날이면 친구들과 커피를 마시며 수다 삼매경에 빠질 나이입니다. 한성수는 젊고 꽃다운 나이에 오로지 조국 독립을 위해 장렬하게 목숨을 내던졌습니다. 그가 보여준 순국과 민족적 기개는 오늘날까지 한국 독립운동사의 귀감으로 남아있습니다.

한국광복군의
맏언니

2020년은 대한민국 여군 창설 70주년이었습니다. 2019년 기준 우리나라 여군은 1만 2,600명, 군 간부의 6.8%가 여성으로 매년 그 규모가 조금씩 늘고 있습니다. 여군의 역사는 1950년 6.25전쟁 이 일어나면서 최초의 여군 부대 '여자의용군교육대'가 탄생하면 서 시작되었습니다.

대한민국 여군의 뿌리는 임시정부의 여성 한국광복군에서 찾을 수 있습니다. 1940년 9월 17일 한국광복군 창설식이 열릴 당시 총사령부 40명의 대원 중 지금 만날 주인공 오광심을 비롯해 지복영, 조순옥, 김정숙, 신순호, 민영주 여섯 명의 여성 대원이 있었습니다.

임시정부 요인들은 남녀를 불문하고 생명의 위협을 느끼며 살아가야 했습니다. 남자들이 전면에 서서 나라를 되찾기 위해 분투할 때 여성들도 이에 못지않게 중요한 역할을 했습니다.

학교 선생님에서 독립군이 되다

1910년 3월 15일 평안북도 선천군 신부면에서 태어난 오광심은 어린 시절 부모님을 따라 남만주로 이주한 후 화흥중학교* 부설 사범과에 입학했습니다. 교사가 되어 아이들에게 민족 교육을 가르치고 국권 회복을 위한 인재로 기르고자 사범학교를 선택한 것입니다.

스무 살의 나이로 무사히 학교를 수료한 오광심에게 중국 지린성 퉁화현(통화현)에 있는 배달학교에서 제안이 들어왔습니다.

"당신이 우리 배달학교 선생을 했으면 좋겠어요. 일본의 침략을 받고 있으니 당신이 아이들에게 민족정신을 심어줬으면 합니다."

이 제안은 오광심이 교사가 되고자 했던 동기와 정확하게 일치했습니다. 한 치의 망설임도 없이 배달학교의 제안을 수락한 그녀는 교사 생활을 시작했습니다. 배달학교에서 아이들을 가르친 지

---

* 1927년 독립운동 단체인 정의부가 설립한 민족주의 학교로, 학생들에게 투철한 항일
  정신을 교육하던 곳

1년이 지난 후에는 중국 지린성 유하현에 있는 동명중학교에서 여학생들에게 민족 교육을 가르쳤습니다. 이처럼 오광심은 어린 시절부터 배워온 투철한 민족의식을 고스란히 후학들에게 전달하는 교사라는 직업을 천직으로 삼았습니다. 그러나 교사 오광심의 후학 양성의 길은 그리 오래가지 못했습니다.

미국에서 시작된 경제 대공황이 전 세계로 파급되면서 1930년대 경제 상황이 좋지 않았던 일본은 전쟁을 통해 일본, 한국, 만주를 하나의 경제 블록으로 묶어 위기를 극복하고자 1931년 만주사변을 일으켰습니다. 오광심은 급변하는 세계정세 변화에 과감한 선택을 했습니다. 교사로서의 길을 포기하고 직접 독립운동에 참가하기 위해 조선혁명군에 합류한 것입니다.

여성의 몸으로 중국 대륙을 누비다

일제 강점기 독립운동에 참여한 여성들은 학생, 주부, 여공, 행상 심지어 기생까지 각계각층의 평범한 여성들이었습니다. 그들은 계몽운동과 군자금 모집과 같은 독립운동 지원 활동을 펼치거나 직접 총칼을 들고 일제에 맞서 무장 투쟁을 전개하는 등 독립운동에 주도적으로 참여했습니다. 그렇다면 오광심은 어떤 활동을 했을까요?

1930년대 초반 만주의 독립군 부대는 만주사변을 계기로 중국인 부대와 연합해 대일 항전을 추진했습니다. 북만주에서는 지청천이 지휘하는 한국독립군이 중국 호로군과 연합해 쌍성보전투, 대전자령전투에서 큰 승리를 거두었습니다. 남만주에서는 양세봉이 이끄는 조선혁명군이 1932~1934년에 걸쳐 200여 차례 항일 교전을 했고, 영릉가와 흥경성 등지에서 일본군을 크게 물리쳤습니다. 이 시기 오광심은 조선혁명군의 군수처에서 물자 보급 일을 하다가 유격대 및 한중 연합 작전에 직접 가담해 지하 연락 공작 활동을 펼쳤습니다.

조선혁명군 소속으로 활동하던 시기 그녀는 평생의 반려자이자 혁명 동지인 조선혁명군 참모장 김학규를 만났습니다. 김학규는 신흥무관학교 출신으로 1929년 지린성 동명중학교 교장으로 있다가 독립운동에 전념하기 위해 교직을 그만두었습니다. 오광심과 김학규가 같은 이유로 교사 생활을 그만 둔 것을 보면 부부가 서로 닮는다는 말이 떠오르지 않나요? 김학규는 조선혁명군의 양세봉 총사령 휘하에서 참모장으로 활동하면서 만주 일대에서 이름을 널리 알렸습니다.

당시 조선혁명군이 항일 전투에서 여러 차례 승리를 거두었지만 막강한 일본군의 화력에 많은 동지가 희생되었고 군수 물자는 항상 모자랐습니다. 전투 중에 부상당한 전우를 구하지 못해 전사하는 가슴 아픈 일이 허다하게 벌어졌습니다. 그 누구보다도 부하를 아끼고 사랑했던 김학규는 부상당한 동지가 무사히 돌아오기를 바라고 기다리는 애절한 마음을 담은 〈전우 추모가〉라는 노래를 직

° 오광심과 김학규

접 만들기도 했습니다.

　아마 오광심은 처절한 전투 속에서도 부하들을 아끼고 사랑하는 김학규의 모습에서 사랑의 감정을 느끼지 않았을까요? 김학규와 부부의 연을 맺은 오광심은 단순히 한 남자의 부인이 아닌 조선혁명군 동지이자 참모 역할을 했습니다.

　조선혁명군은 많은 승전을 거두었지만 일본의 공세가 거세지면서 중국군의 활동은 위축되고 한국 독립군의 투쟁 여건도 점차 어려워졌습니다. 이러한 위기를 극복하기 위해 조선혁명군은 중국 본토에서 활동하고 있는 임시정부의 김구, 의열단의 김원봉 등과 교섭해 인적, 물적 자원을 지원받고자 했습니다. 이를 위해 김학규를 조선혁명당과 조선혁명군의 전권 대표로 난징에 파견했습니다.

　1934년 5월초 김학규는 조선혁명군 참모장직을 사임하고 전권 대표로 난징으로 향했습니다. 이때 오광심도 동행했습니다. 만주에서 난징으로 가려면 안둥-칭다오-톈진-베이징을 거쳐야 했는데 도로마다 있는 일본 검문소를 통과하는 일이 결코 쉽지 않았습니다. 그 여정은 목숨을 걸어야 하는 위험한 길이었습니다.

　오광심과 김학규 부부는 일본 경찰의 눈을 속이기 위해 첩보 영화 속 한 장면이 떠오를 만한 변장을 했습니다. 김학규는 때 묻은 한복을 입고 베 감투를 쓰고 지팡이와 긴 담뱃대를 들고 보따리를 어깨에 짊어진 채 총총 걸음으로 나섰습니다. 오광심은 남루한 농촌 여인으로 변장했습니다. 틀어올린 머리에 흰 수건을 쓰고 보따리를 머리에 인 50대 중년 아낙으로 김학규의 아내가 아닌 어머니가 된 것입니다. 마치 일가족이 먼 길을 떠나는 모습으로 변장한 것으로 이는 매우 성공적이었습니다.

"우리 일행이 동구 밖을 나섰을 때 여러 차례 동지들과 마주쳤다. 그러나 그들은 나와 내 아내를 빤히 쳐다보면서도 누구인지 알아보지 못하였다. 우리는 입을 막고 나오는 웃음을 참아가며 우리의 변장술이 성공했음을 기뻐하였다."

모든 준비를 마친 오광심과 김학규는 길 안내를 맡은 중국인 지하공작원 두 명과 함께 길을 떠났습니다. 압록강 연안 한국인이 경영하는 객주 집에서 오광심 일행이 아침 식사를 할 때였습니다. 이들의 모습을 수상하게 지켜보던 일본 경찰이 다가와 심문했습니다.

"당신은 저 중국인들과 같은 일행인가?"

"아닙니다. 중국인은 동행인이 아니라 도중에 우연히 만난 사람일뿐입니다."

"당신은 일행이 아니라고 했는데 왜 그들의 밥값도 냈는가?"

일본 경찰의 매서운 질문에 김학규는 침착하고 냉철하게 대답했습니다.

"다들 따로 밥값을 냈는데 무슨 말인가요?"

사실 김학규는 식사를 하면서 수상한 공기를 느꼈고 각자 따로 밥값을 치른 상태였습니다. 일본 경찰이 주인에게 밥값을 누가 어떻게 냈는지 심문하자 주인 역시 김학규와 똑같이 대답했습니다.

식당 안에서 긴박한 상황이 벌어질 때 오광심은 잠시 자리를 비운 상태였습니다. 그녀는 식당 밖에서 김학규가 일본 경찰에게 심문당하는 모습을 보고는 문에 귀를 바짝 대고 대화를 엿들었습니다. 일본 경찰이 자신에게도 심문할 것이라고 생각해 미리 대비하고자 한 것입니다. 밖으로 나온 일본 경찰은 예상대로 심문을 했고 그녀는 조금도 거리낌 없이 대답했습니다. 침착하고 순발력 있는 기지로 큰 위기를 모면한 그들은 무사히 중국 안동에 도착할 수 있었습니다.

안동에 도착한 오광심과 김학규는 중국 의복으로 갈아입고 중국인 행세를 하며 칭다오로 향하는 중국 배를 탔습니다. 이번에는 아무런 단속 없이 칭다오에 도착했고 곧바로 영국 배를 타고 톈진으로 향했습니다. 톈진을 떠나 베이징에 도착하자 그곳에 있던 독립운동 단체들이 뜨겁게 환영해주었습니다.

두 사람은 베이징을 떠나 무사히 난징에 도착했습니다. 죽을 고비를 넘긴 이들을 위해 독립운동 단체들은 각각 개별적으로 환영회를 열어주었습니다. 환영회에 초대받을 때마다 만주에서 진행되고 있는 조선혁명군의 항일 투쟁 작전 상황을 보고하고 조선혁명군에 대한 인적, 물적 자원을 지원해달라고 요청했습니다. 오광심과 김학규의 보고를 들은 독립운동 단체들은 만주 동지들의 고군분투에 경의를 표했을 뿐 아니라 마음 속 깊이 감동했습니다. 중국 인사들은 그들에게 많은 동정을 표했다고 합니다.

당시 난징에서는 김구의 임시정부, 김원봉의 의열단, 지청천의 신한독립당 등이 모여서 대일 항전을 강화하기 위해 모든 단체의 통합을 전제로 한 협의가 논의 중이었습니다. 이 모습을 지켜보던 이들은 만약 독립운동 단체들의 통합이 이루어진다면 만주의 독립군을 적극 지원해줄 거라고 믿었습니다. 하지만 이들은 조선혁명군의 지원 교섭을 위해 온 것이지 독립운동 단체의 통합 문제에 참여하러 온 것이 아니었기 때문에 난징의 상황을 만주에 있는 조선혁명당 본부에 전하고 새로운 지령을 받아야 했습니다.

김학규는 조선혁명당에 제출할 보고서를 작성했습니다. 그런데 큰 문제를 발견했습니다. 보고서 분량이 무려 200여 쪽에 달하는 것이었습니다. 책 한 권 분량의 보고서를 일본 경찰에게 발각되지 않고 조선혁명당 본부까지 전달하기란 결코 쉽지 않은 일이었습니다. 일본 경찰에 발각되는 날에는 보고서를 갖고 있는 사람의 생명이 위험한 것은 물론 보고서 내용이 모두 적에게 넘어가기 때문입니다.

"우리에게 비행기와 무전이 있다면 얼마나 좋았을까? 그러나 우리는 불행히도 이러한 문화 시설을 가지지 못하고 오직 사람이 친히 휴대하지 않으면 아니 되었다. 물론 화학약품으로 글자를 나타나지 않게 하는 방법도 있지만 이 역시 그렇게 안전하다고 할 수는 없지 않은가?"

김학규는 이 문제를 가장 단순하면서도 안전한 방법으로 해결했습니다. 그는 오광심이 그 누구보다 항일 투쟁 의식이 강한 투사로, 조선혁명당과 조선혁명군 동지에게 깊은 신뢰를 받고 있다는 것을 알고 있었습니다. 오광심이 보고서를 통째로 암기해 구두로 보고할 수 있다면 당과 군은 그 내용을 틀림없이 믿을 것이라고 여겼습니다. 남편의 요청을 받은 오광심은 교과서를 암기하듯이 4박 5일에 걸쳐 숫자 하나 틀리지 않고 모두 외웠습니다.

"아내는 내 요구를 군말 없이 수락하였다. 그는 마치 소학생이 교과서를 반복하듯이 한 페이지 한 페이지씩 암송하였다. 불과 4~5일 만에 그는 이 한 권의 책을 숫자 하나 빠뜨리지 않고 암송해놓고는 나에게 자신 있게 만족한 웃음을 지었다. 내 아내는 만주의 여자 투사로서 우리 진영 동지들에게 신용이 있었기 때문에 그녀가 전하는 구두 보고서는 문서 보고서와 동일한 효과를 발생할 수 있었다."

1934년 7월 15일 보고서의 모든 내용을 외운 오광심은 난징을 떠나 조선혁명당 본부가 있는 만주로 험난한 길을 떠났습니다. 가는 도중에도 암기한 것을 잊어버릴까 봐 기차 칸에서도 산간 길을 걸어가면서도 매일 한 차례씩 암송했다고 합니다.

김학규의 우려대로 오광심은 가는 도중 일본 경찰의 검문을 받았지만 보고서 내용은 누설되지 않았습니다.

"아내는 일본 경찰의 검문을 받았지만 그들의 수사 방법이 제

아무리 첨단 기술이라 할지라도 아내의 머릿속에 간직한 내 보고서는 발견할 수 없었다."

오광심과 김학규의 작전은 완벽하게 성공했습니다. 오광심은 조선혁명당 본부에 무사히 도착했고, 김학규가 작성한 보고서를 보고받은 조선혁명당은 즉시 간부 회의를 소집하고 난징에서 독립운동 단체들이 전개하고 있는 통합 운동에 참여하기로 결의했습니다. 하지만 오광심의 역할은 아직 끝난 것이 아니었습니다. 조선혁명당 간부들은 난징에 있는 김학규에게 전달할 답변서를 작성했고, 그녀는 당의 의견을 김학규에게 전하러 다시 난징으로 가야 했습니다.

이때 그녀는 죽음의 문턱까지 갔다가 살아남았습니다. 조선혁명당은 한 한인의 집에서 김학규에 줄 답변서를 비밀리에 작성하고 있었습니다. 그러나 일본의 꾐에 넘어간 세 명의 변절자가 그 집에 불을 질렀고 집이 모두 불에 타면서 안에 있던 사람 중 겨우 세 명만이 살아남았습니다. 그중 한 사람이 오광심입니다. 그녀는 목숨은 건졌으나 화상을 심하게 입어 3개월 동안 만주 산간의 바위굴에서 치료를 받아야 했습니다. 상처가 다 아물지 않았지만 그녀는 자신의 임무를 마무리하기 위해 난징으로 발걸음을 옮겼습니다.

1935년 1월 오광심은 무사히 난징에 도착해 김학규에게 당의 의견을 전했습니다. 이에 김학규는 조선혁명당을 대표해 독립운동 단체들이 추진하는 민족연합전선에 참여했습니다. 그 결과 1935년 7월 의열단장 김원봉의 주도로 중국 본토와 만주에서 이동해온 독립운동 세력, 미주의 다섯 개 민족운동 단체가 통합해 중국 본토 최대 규모의 통일 전선 정당인 민족혁명당이 결성되었습니다. 민족혁명당에서 김학규는 중앙집행위원, 오광심은 부녀부 차장으로 활동했습니다.

하지만 이들의 활동은 오래가지 못했습니다. 김구를 비롯한 임시정부를 고수하려는 이들이 처음부터 불참했고, 사회주의 색채가 짙은 의열단이 당의 주도권을 잡자 불만을 품은 일부 민족주의계 인사들이 달당했기 때문입니다. 민족혁명당이 힘을 잃어가자 오광심과 김학규는 직책을 내려놓고 1936년 1월 다시 만주로 돌아갔습니다. 그리고 김학규는 군사학을 제대로 배우기 위해 중국 육군중앙군관학교에 입학했습니다.

만주 유격대에서 한국광복군이 되다

중일전쟁이 발발하자 임시정부는 중국 정부와 함께 기나긴 이동을 시작했고 이 시기에 오광심과 김학규는 임시정부에 합류했습니다. 임시정부는 일본군의 중국 본토 침략에 따라 난징과 한커우(우한)를 거쳐 1937년 11월 호남성 창사, 1938년 7월에 광동성 광저우, 11월에 광서성 류저우에 도착했습니다.

광서성 류저우에서 임시정부는 항일 의식을 고취시키기 위해 1939년 2월 한국광복진선 청년공작대를 조직했습니다. 서른네 명

○ 한국광복군 총사령부 총무처 직원들(오광심은 두 번째 줄 오른쪽에서 세 번째)
(출처 : East Asian Library, University of Southern California)

의 대원 중 열한 명이 여자였는데 이 가운데 오광심이 있었습니다.

청년공작대에서 오광심을 비롯한 여성 대원들은 주로 선전 활동을 맡았습니다. 중국인들의 항일 의식을 높이고 그들에게 한국인의 항일 정신과 기개를 보여주어 한국인에 대한 부정적 인식을 바꾸는 것이 주요 목적으로 이를 위해 항일 투쟁의 내용을 담은 합창, 연극과 벽보 제작 등의 활동을 했습니다.

1940년 9월 충칭에 정착한 임시정부는 오랜 숙원 사업이었던 한국광복군을 창설했습니다. 이때부터 임시정부에서 오광심의 활약이 본격적으로 시작됩니다. 한국광복군 창설 당시 오광심은 여군으로 김정숙, 지복영, 조순옥, 신순호, 민영주 등과 함께 참여했습니다. 두 달 후 시안에서 한국광복군 본부가 설치되자 오광심은 총사령부에 소속되어 복무했습니다.

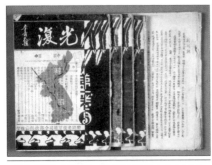
◦ 한국광복군이 발행한 기관지 〈광복〉(출처: 독립기념관)

당시 한국광복군의 시급한 과제는 병력 확보를 위한 모병 활동이었습니다. 이를 위해 임시정부는 기관지인 〈광복〉을 한국어판과 중국어판으로 간행해 한국어판 창간호에 김구 주석을 비롯해 한국광복군 총사령부 지청천, 황학수, 이복원, 김광 등이 작성한 국내외 동포들의 항전 의식을 고취하는 글을 실었습니다. 이곳에 오광심과 김학규의 글도 실렸습니다.

기관지 총책임자는 조경한, 편집장은 김광이었지만 실질적인 업무는 오광심, 지복영, 조순옥이 맡았습니다. 1년 6개월가량 〈광복〉 간행에 참여한 오광심은 독립운동의 어려움과 여성이 독립운동을 하려면 더 험난한 길을 걸어야 한다는 내용을 담은 '한국 여성 동지들에게 일언을 드림'이라는 글을 기고했습니다.

광복군은 무릇 삼천만의 광복군이며 삼천만 가운데 일천 오백만의 여성도 포함되어있는 줄로 알아야 됩니다. 그러므로 이 광복군은 남자의 전유물이 아니요, 우리 여성의 광복군도 되오며 우리 여성들이 참가하지 않으면 마치 사람으로 말하면 절름발이가 되며 수레로 말하면 외바퀴 수레가 되어 필경은 전진하지 못하고 쓰러지게 됩니다.

오광심은 일찍부터 남녀평등의 항일 투쟁 의식을 가지고 있었기 때문에 독립 운동에 뛰어들 수 있었습니다. 그래서 누구보다도 확신에 찬 목소리로 민족의 독립과 미래는 여성에게 달려있다며 여성의 한국광복군 입대를 촉구할 수 있었던 것입니다. 하지만 오광심은 〈광복〉 간행

∘ 오광심

사업에만 매어있을 수는 없었습니다.

임시정부 군무부는 초모 공작, 즉 모병 활동을 강화하기 위해 시안에 제3지대를 편성하고 지대장으로 김학규를 임명했습니다. 1942년 2월 제3지대는 징모처 제6분처로 확대 개편되었고 초모 활동 임무 수행을 위해 시안에서 최전방인 산둥(산동) 반도로 목적지를 이동했습니다. 산둥 반도는 중국 화북의 요충지이자 국내와 만주 지역 교포들이 상호 연락하기에 용이한 지점이었으나 당시 전쟁 상황이 급박하게 돌아가고 산둥 반도 일대를 일본군이 점령했기 때문에 그 중간 지점인 안후이성 푸양에 자리 잡고 본부를 세웠습니다.

이후 1945년 광복을 맞이하기 전까지 제3지대는 이곳에서 항일 투쟁을 전개했습니다. 지하공작을 통해 적의 점령 지구에 거점을 확보하는 작전은 1944년 접어들면서 뚜렷한 성과를 거두기 시작했고 오광심은 새로 합류한 한국광복군 대원 관리와 교육을 맡았습니다.

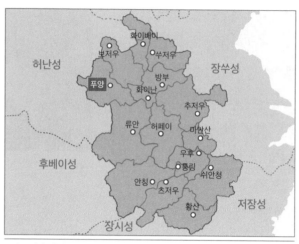

◦ 안후이성 지역

　오광심은 항일 투쟁 경력과 자상한 성품, 포용력 있는 대인 관계, 총기와 지성미 넘치는 지도력으로 많은 한국광복군 대원에게 존경받았습니다. 그래서 학도병 출신의 제3지대원들은 그녀에게 동지라는 호칭 대신 '선생'이라는 존칭을 썼습니다.

　오광심은 한국광복군 대원들의 누나이자 어머니 역할까지 맡았습니다. 1945년 1월 일본군에서 탈출한 학병 김문택이 푸양 제3지대에 당도했습니다. 일본 규슈에서 군 복무 중 탈출해 평양형무소에서 5년 구형을 받았지만 다시 탈출해 바다를 건너 푸양까지 온 그의 행적을 듣고 그녀는 말을 잊지 못했다고 합니다.

　"김 동지, 참 장하오. 왜적의 그 빠른 비행기가 왜 땅에서 날아와 이 중국 땅에 폭격을 가하고 다시 그 본토에 되돌아가려고 해도 도중에 우둔한 중국군에게 변을 당하는 판국에 동지는 악착스럽고 재빠른 왜적의 겹겹이 쌓인 감시와 경비망을 뚫고 또 돌파하여 이곳에까지 이르렀다니 참 장하고 또 장하오. 김 동지는 분명 하늘이 낸 독립군이오. 또 왜적에 끌려가 갖은 옥고를 치렀다니 참…."

그녀의 격려에서 참된 지도자로서의 품격과 신뢰가 느껴집니다. 김문택은 자서전에서 오광심에게 최대의 경의를 표하며 '오광심 선생님'으로 지칭했습니다. 저도 장교로 군 생활을 했지만 병사들의 마음을 얻는 것은 결코 쉬운 일이 아닙니다. 하지만 오광심은 한국광복군 대원 한 명 한 명을 세심하게 배려했고, 그들에게서 경의와 찬사를 받았습니다.

1945년 8월 15일 광복을 맞이한 오광심과 김학규는 꿈에 그리던 조국 대신 상하이로 발걸음을 옮겼습니다. 그곳에서 김학규는 광복군 총사령부 주호판사처를 설치하고 판사처장에 취임했습니다. 이들은 상하이에 모여있던 3만여 교민의 생명과 재산을 보호하고 안전하게 귀국할 수 있도록 노력했습니다. 이후 1946년에는 만주 선양으로 진출했다가 1948년 4월에야 비로소 조국 땅을 밟을 수 있었습니다.

젊은 날 조선혁명군과 한국광복군으로 빛나는 활동을 하며 조국 광복을 위해 평생의 열정을 바쳤던 오광심. 그녀는 1976년 생을 마감했으나 우리는 그 누구보다 순수하게 민족과 조국을 사랑하며 중국 대륙을 누볐던 그녀를 잊지 말아야겠습니다.

학구열에 불탄
미국 영감 군사 전문가

마지막 주인공은 대한제국의 사관으로 5년, 일본과 미국에서 각각 7년, 유학 생활 19년 그리고 50대에 중국에서 독립운동을 했으며 12년간 군사 전문가로 활동했지만 관련 자료가 많이 없어 학계뿐 아니라 어디에서도 조명된 적 없는 이복원입니다.

대한제국의 군인에서 일본 유학생이 되다

이복원은 1882년 함경남도 북청에서 태어났다고 전해지지만 정확한 출신 배경은 알려져 있지 않습니다. 다만 함경도 출신이라는 점으로 미루어보아 전통적인 양반 계층은 아니었을 거라고 추정할 수 있습니다.

다행히 짧게나마 이복원의 생애 전반을 알려주는 자료가 있습니다. 임시정부 기관지인 〈신한민보〉 1937년 7월 30일 자를 보면 군사위원에 선임된 인물들의 약력이 게재되어있는데 여기에서 '이복원 선생'이라는 기사를 볼 수 있습니다.

이복원은 대한제국 시기인 1897년부터 2년간 북청에 설립된 지방의 육군무관학교에서 교육받았고, 1899년부터 2년간 서울의 육군무관학교에서 교육을 마친 후 졸업했습니다. 그 후 2년 동안 견습 사관으로 있다가 소대장이 되어 3년간 군에서 근무했다고 합니다. 1902년 1월 11일 육군 보병 참위로 임관하고, 이후 육군무관학교 교관, 친위 제1연대 제3대대 부, 진위 제1연대 제1대대 중대 부, 진위 제5연대 제2대대 부, 육군연성학교 교관 등에 재임했습니다. 그러나 이복원의 군 생활은 5년 7개월 만에 끝나고 말았습니다.

을사조약이 강제로 체결되자 고종은 1907년 조약의 무효를 선언하고 국제 사회의 지원을 받고자 네덜란드 헤이그에서 열리는 만국평화회의에 특사를 파견했습니다. 일본은 외교권이 없는 상태에서 특사를 보냈다는 이유로 친일 대신들을 동원해 고종을 강제 퇴위시키고 순종을 즉위시켰습니다. 그리고 곧바로 한일신협약을 제정해 대한제국의 군대를 해산시켰습니다. 이 조약에 따라 이복원은 자신의 의지와 상관없이 군대에서 해임된 것입니다.

1907년 8월 군대 해산에 반대하고자 서울의 시위대를 시작으로 병사들이 봉기했습니다. 서울 곳곳에서 일본군에 대항해 시가전을 벌였고, 군인들의 시위는 지방 진위대로 이어졌습니다. 심지어 해산된 군인 중 일부는 항일 의병에 참여하기도 했습니다.

이복원은 대한제국의 군대가 해산되자 곧바로 일본 유학을 떠났습니다. 일제 강점기에 각계각층의 사람들이 일본으로 향했는데 대부분은 가난에서 벗어나 일자리를 찾기 위해서였지만 이복원을 비롯한 소수의 지식인들은 일본에 맞서거나 살아남으려면 교육을 받아야 한다는 생각으로 떠났습니다. 즉 그는 새로운 학문, 새로운 생각, 새로운 문화를 배우기 위해 일본 유학을 선택한 것입니다.

이복원은 유학 학비를 마련하지 못한 채 무작정 일본에 도착했습니다. 그래서 방학 즈음 귀국해 북청 유지들을 만나 학비를 얻어 새 학기가 시작할 시기에 다시 도쿄로 돌아와 학업을 지속했습니다. 이복원의 재정 상태는 빈약했지만 북청 유지들의 경제적 지원을 받은 사실로 보아 그가 지역에서 매우 신뢰받는 인물이었다는 것을 알 수 있습니다. 또한 돈이 없음에도 포기하지 않고 유학 자금을 마련한 것을 보면 학업에 대한 강력한 의지가 있었다는 것도 알 수 있습니다.

일본에서 중학교를 마친 후 경응의숙 이재과(경제학과)에서 수학한 이복원은 1914년까지 만 6년 이상을 오로지 학업에만 열중했습니다. 그가 학업에만 열중했던 이유는 정확히 알 수 없습니다. 다만 본인의 의사와 관계없이 군인으로서의 꿈을 접어야 했기에

∘ 1910년 일본 도쿄의 모습

훗날 경제나 교육계에 진출해 조국의 발전에 기여하고자 한 것은 아닐까 추측해봅니다.

이복원에 대한 눈에 띄는 일본의 첩보가 하나 있습니다. 1914년 3월 경응의숙 재학 중 귀국한다고 하고서는 바로 상하이로 갔다는 것입니다. 그런데 상하이에 오래 머무르지 않고, 3개월 뒤에는 미국의 샌프란시스코에 모습을 드러냅니다.

이복원의 상하이행은 독립운동에 참여하거나 학업을 위해서가 아니었습니다. 그렇다면 그는 왜 도쿄에서 고향을 거치지 않고, 상하이에서 2개월을 채 머무르지도 않고 만주도 연해주도 아닌 미국으로 떠난 걸까요?

미국에서 군사학 전문가로 거듭나다

'배움에는 나이가 없다'는 말이 있습니다. 임시정부 요인 중에서 가장 뜨거운 학구열을 가진 인물을 꼽는다면 저는 주저 없이 이복원을 선택할 것입니다. 1914년 6월 13일 샌프란시스코에 도착한 이후의 이복원 행적은 잘 찾을 수 없습니다. '윌리엄'이라는 이름으로 1916년 6월 클레몬트 근처 업랜드관립소학교를 졸업했고, 독립운동 단체인 대한인국민회와 각종 동포 행사에 적지 않은 기부금을 냈다는 기록을 통해 캘리포니아주 남부 지역에서 노동과 학업을 병행했을 거라고 추정할 뿐입니다.

이복원이 미국에서 소학교(오늘날의 초등학교)를 졸업했을 때의 나이는 무려 30대 중반이었습니다. 심지어 온타리오중학교로 진학해 1920년 6월 졸업할 때의 나이는 마흔 살이 되기 직전이었습니다. 그만큼 그는 새로운 것을 배우고자 하는 의지로 가득 차 있었습니다.

이복원은 미국에서 어떻게 학비를 충당하고 각종 한인 단체와 행사에 기부금을 낼 수 있었을까요? 그는 미국 생활에 잘 적응했던 것 같습니다.

"이복원 군이 그곳 장로교 예배당에서 잡역부로 일하면서 중학교를 필(畢)하고 동방으로 간다 해서 그 일자리를 대신하게 된 것이다. 매월 45불을 받아서 자취하면서 소학교에 다니었다. 그 일은 매일 화초원에 물주기와 풀 깎는 것과 예배당을 청소하고 종치는 일이었다. 학교에 다니면서도 충분히 할 수 있었다."

이복원과 함께 미국에서 유학한 최희송의 회고를 통해 그가 교회에서 잡역부로 일하며 매월 45달러를 받았는데 혼자 자취했기 때문에 금전적 여유가 있었음을 알 수 있습니다. 그래서 상당한 금액을 동포 사회에 기부할 수 있었을 거라고 추측합니다. 또한 이복원이 성실하게 일해서 한국인에 대한 신뢰가 높았기 때문에 최여송이 그를 대신해서 일할 수 있었습니다.

이복원의 학구열은 끝이 없었습니다. 그는 중학 과정을 마친 후 1920년 9월 7일 미국 동부 버지니아주 렉싱턴으로 떠났습니다. 그곳에는 1839년 설립된 미국에서 가장 역사가 긴 주립 군사 대학 버지니아군사학교(VMI)가 있었습니다. 이복원은 더 높은 교육을 받고자 새로운 곳으로 이주했던 것입니다.

이번에도 이복원은 대학 진학을 앞두고 '학자금 마련'이라는 어려움에 빠졌습니다. 군사 대학은 소학교, 중학교와는 비교할 수 없을 정도의 학비가 필요했습니다. 이때 이복원의 학비를 지원해준 인물이 있습니다. 바로 김종림입니다. 캘리포니아에서 쌀농사로 성공해

∘ 1905년 버지니아의 거리

미주 한인 사회에 큰 기여를 했던 그는 윌로우스한인비행사 학교 설립을 지원했을 뿐 아니라 이복원과 같은 군사학 전공자들을 위해서도 도움을 아끼지 않았습니다.

그런데 당시 마흔 살 전후였던 이복원은 어떻게 군사 대학에 진학할 수 있었을까요? 당시 미국의 버지니아군사학교는 10대 후반에서 20대 초반의 청년들이 진학할 수 있었습니다. 아마 이복원이 30대에 소학교에 입학한 것을 보면 미국에서 자신의 나이를 크게 줄인 것은 아닐까 추측해봅니다. 그렇지 않고서는 특별 자격으로 입학해야 하는데 그것은 불가능한 일이기 때문입니다. 당시 그는 153cm 정도의 작은 체구였기 때문에 나이를 줄이기가 수월했을 것입니다. 또한 동양인을 나이보다 어리게 보는 서양인의 시각도 도움이 되었을 것입니다.

이복원은 명망높은 버지니아군사학교에 입학해 3년 동안 힘들게 공부하고 졸업했지만 미국에서는 군직을 얻을 수 없었습니다. 그는 졸업 이후인 1924년부터 1926년까지 뉴욕에 머물다가 시카고에 정착했습니다. 정확하게 뉴욕에서 무슨 일을 했는지는 알 수 없지만 안창호의 흥사단에 기부금을 내고 한인 교회 건립을 위한 기본금모금위원회 위원으로 선출된 것으로 보아 적어도 경제적으로는 크게 궁핍하지 않았다고 짐작할 수 있습니다.

아직 배움에 목말랐던 그는 1926년 말부터 시카고에 거주하면서 노스웨스턴대학 특별생으로 재학했습니다. 자격이나 위치, 전공 등에 대해서는 확인할 수 없고 특별생으로 정식 학위 과정을 밟은 것은 않았지만 대학 과정을 수료한 것으로 추정됩니다.

1931년 전후로는 시카고를 떠나 1년 정도 로스앤젤레스 부근에서 지냈습니다. 이번에도 그가 왜 미국 서부로 이주했고 무슨 일을 했는지 행적이 묘연하지만 이 시기 이봉창 의사 추도회에서 추도사를 하고 임시정부 지원금 모금에 참여하기도 했습니다. 이처럼 이복원은 미국에 있으면서 조국 독립을 위한 모금 활동에 소액이라도 빠지지 않고 꾸준히 기부했습니다.

로스앤젤레스에서 1년간 머문 후 다시 샌프란시스코로 이동한 그는 1933년 1월 27일 미국에 온 지 20년이 지나 쉰 살이 넘은 나이에 프레지던트 쿨리지호를 타고 어디론가 향했습니다.

군사학 전문가로 독립운동에 뛰어들다

1914년 미국으로 건너가 온갖 고비를 넘긴 이복원은 새로운 나라 중국에서 인생 2막을 시작했습니다. 샌프란시스코에서 하와이와 일본 그리고 홍콩과 상하이를 거쳐 만주에 도착한 그는 1933년부터 한국독립군을 지휘하던 지청천의 참모로 활동했습니다. 이후 일본군의 대토벌 작전이 본격화되자 지청천과 함께 베이징을 거쳐 난징으로 이동했다고 알려져 있습니다.

이복원의 중국에서의 행적은 일본이 남긴 정보 자료에서 단서를 찾을 수 있습니다. 이복원으로 표기된 항목에 '가명으로 이상지와 이말숙을 사용하는 58세, 153cm 키에 안경을 쓰고 알맞은 몸집에 하이칼라 머리를 한 둥근 얼굴의 인물'로 기록되어있습니다. 이복원의 가명인 이상지는 조선혁명간부학교*에서도 찾을 수 있습니다.

이상지라는 이름을 사용했던 이복원은 2년 동안 조선혁명간부학교 교관으로 재임했습니다. 군대 내무와 육군 예식, 지형학, 축성학, 기관총학, 기하, 사격 등 대부분의 군사학 과목을 맡았던 그는 독립운동가들 사이에서 군사 전문가로 대접받았습니다. 당시 학생들 사이에서 그의 별명은 '미국 영감'이었다고 합니다. 미국

---

* 한국의 절대 독립을 목표로 김원봉이 이끈 의열단이 중국 국민당과 교섭해 설립한 군사 정치 학교

◦ 조선혁명간부학교

에서 온 50대 교관에게 너무나 딱 맞는 별명이라고 생각합니다.

　이복원의 이력을 보면 조선혁명간부학교 교관을 맡은 것은 너무나도 자연스럽습니다. 그런데 단지 미국에서 군사학교를 마쳤다는 이유만으로 중국에 온 지 얼마 되지 않은 그가 교관이 되는 것이 가능했을까요? 혹시 미국을 떠날 때부터 조선혁명간부학교에 합류할 계획이 있었던 건 아닐까요? 그가 의열단과 같은 독립운동 단체와 연결된 정황은 확인된 바 없습니다. 하지만 시카고를 떠나 로스앤젤레스와 샌프란시스코에서 1년 5개월 동안 특별한 활동 없이 지낸 것은 중국에서 올 연락을 기다리며 중국으로 떠날 준비를 하기 위해서였다는 것은 누구라도 추정할 수 있습니다. 중국으로 돌아온 이복원의 활동을 보면 임시정부에서 어떤 활약을 할지 기대될 것입니다.

만주사변 이후 일본이 만주를 장악하자 대부분의 만주 독립군이 중국 본토로 이동했습니다. 중국 본토에서 활동하던 독립운동 단체들은 대일 항전을 적극적으로 펼치기 위해 민족 연합 전선을 추진해 민족혁명당을 결성했습니다. 이복원은 자연스럽게 민족혁명당에 합류했고 그곳에서 중앙감찰위원회 위원과 군사학편찬위원회 위원을 맡았습니다. 1935년 10월 조선혁명간부학교가 문을 닫자 민족혁명당 본부에서 군사학 편찬에 집중했습니다.

민족혁명당 내에서 사회주의 색채가 짙은 의열단이 주도권을 잡자 내부 세력 간의 성향과 노선 차이는 더욱 심화되었고, 이에 불만을 품은 조소앙의 한국독립당과 지청천의 조선혁명당이 민족혁명당에서 빠져나와 김구의 한국국민당에 합류했습니다. 이때 이복원은 지청천과 함께했습니다. 이로써 중국 본토의 독립운동은 김구, 지청천 중심의 민족주의 계열과 김원봉 중심의 사회주의 계열의 양대 세력을 중심으로 전개되었습니다.

미국에서 중국으로 건너와 조선혁명간부학교와 민족혁명당에 참여한 지 2년도 채 되지 않아 지청천과 함께한 것으로 볼 때 이복원 또한 민족주의 계열의 노선을 지지했다는 것을 알 수 있습니다.

중일전쟁이 발발하면서 시작된 임시정부의 피난길에 이복원도 함께했습니다. 그는 임시정부가 충칭에 청사를 마련할 때부터 해방될 때까지 자신의 독립운동 역사에서 가장 빛나는 순간을 만들어냈습니다. 임시정부 함경도 의원으로 당선되어 임시의정원 의

∘ 충칭 시기 임시정부 요인들(이복원은 뒷줄 맨 오른쪽)
　(출처: 백범김구선생기념사업협회)

원으로 활동했고, 한국광복군이 창설되자 총사령부 참모진에 임
명되었으며, 임시정부 기관지 〈광복〉에 여러 논설과 번역을 발표
한 것입니다. 특히 '광복군의 전도'라는 글을 통해 한국광복군의
성공 요소로 뛰어난 지도자들의 투쟁 경험, 성공적인 초모 활동,
미주 동포와 적 후방 동포 그리고 한국 독립운동을 동정하는 외
국인의 지원 등을 언급하며 확신에 찬 목소리로 한국광복군의 미
래를 낙관했습니다. 실제로 이복원의 자신감은 그대로 실현되었
습니다.

　한국광복군은 1940년 11월 총사령부가 시안으로 이동한 직후
제1지대, 제2지대, 제3지대로 편성되었고, 이듬해 무정부주의 계
열 청년들이 주도하던 한국청년전지공작대가 한국광복군에 편입
되면서 이를 바탕으로 제5지대가 편성되었습니다. 한국광복군은

창설된 지 불과 석 달여 만에 네 개 지대를 편성한 것입니다.

1942년 한국광복군의 지대 편제가 전면적으로 개편되는 두 사건이 발생합니다. 네 개 지대 중 병력이 가장 많은 제5지대에서 지대장 나월환이 암살되는 사건이 발생했습니다. 핵심 간부 20여 명이 연루된 이 사건으로 제5지대는 혼란에 빠졌습니다. 이 시기 김원봉의 주도로 결성된 조선의용대가 한국광복군에 합류했습니다. 이 두 사건을 계기로 한국광복군은 네 개 지대를 모두 해체하고 새롭게 세 개 지대(제1지대, 제2지대, 제3지대)로 재편했습니다.

나월환 암살 사건으로 인한 동요를 수습하기 위해 재편된 제2지대는 종전의 제1지대, 제2지대, 제5지대 대원들이 주축이 되었고 인원은 250여 명 정도로 추정합니다. 이복원은 제2지대의 부지대장으로 임명되었습니다.

1945년 5월 1일 이복원이 총사령부 고급 참모에 임명되어 활동하는 시기에 안후이성 푸양에서 활동하던 징모처 제6분처가 제3지대로 확대 개편되었습니다. 이에 그해 5월 22일 이복원은 확대 개편된 제3지대의 부지대장으로 임명되어 푸양으로 떠났습니다.

이복원은 임시정부와 한국광복군 내에서 군사학 전문가로 인정받았지만 나이가 예순 살이 넘었고 지휘관 경험이 없었기 때문에 참모나 부지대장과 같은 보직을 주로 맡았습니다. 제3지대에서 참모장 역할을 겸하며 부대원의 정훈 교육을 책임졌고 세계 각국의 혁명사 등을 직접 강의했습니다. 그리고 부임한 지 3개월이 지난 8월 15일 일제의 항복으로 해방을 맞이했습니다.

30년 만에 고국으로 돌아온 예순여섯 살의 이복원은 분단으로 북쪽 고향 땅을 밟지 못했습니다. 해방 이후 이미 고령이었기 때문에 특별한 활동은 하지 않았지만 그에게는 한 가지 꿈이 있었다고 합니다.

"저기(중국)에서 생각할 때 귀국하면 국군에 가담하여 이 한 몸을 나라에 바칠 각오를 하고 왔는데 시기가 좀 빠른 모양인가….."

해방된 조국에서 군인이 되고 싶었지만 그 꿈은 실현되지 못했습니다. 대신 귀국한 한국광복군 동지들이 직장을 구하는 데 노력을 기울였다고 합니다.

군인처럼 보이지 않는 온유한 인상의 소유자였을 이복원은 조국 독립에 도움이 될 선진 학문을 끊임없이 탐구하다가 마흔 살이 넘은 나이에 중국으로 가서 독립운동에 뛰어들어 12년간 군사 전문가로 활동했습니다. 가족도 없이 독신으로 살다가 6.25전쟁 중 실종된 이복원. 평생을 한국의 군인으로 살기 위해 그 누구보다 뜨겁고 열정적인 삶을 살았던 그를 다시 한 번 조명해봐야 되지 않을까요?

참고 문헌

1부. 임시정부의 기반을 마련하다

◑ 버림받은 애국자   김가진 篇

김자동 저, 《임시정부의 품 안에서》, 푸른역사, 2014.

김위현 저, 《안동김씨 독립운동가열전》, 예문춘추관, 2019.

김위현 저, 《동농 김가진전》, 학민사, 2009.

신동순(연구기관단체인) 저, 《개화파 열전 (김옥균에서 김가진까지)》, 푸른역사, 2009.

연세대학교 국학연구원 저, 《동농 김가진 전집》, 선인, 2014.

오영섭, 《한국 근현대사를 수놓은 인물들 1》, 경인문화사, 2007.

吳瑛燮, 〈東農 金嘉鎭의 開化思想과 開化活動〉, 《韓國思想史學》 20, 한국사상사학회, 2003.

이현희, 〈통일논단 : 한국 근대인물의 재발견: 격동기에 정치역량 보인 동농 김가진〉, 《통일한국》 48, 평화문제연구소, 1987.

◑ 애꾸눈의 민족 지사   신규식 篇

신규식 저, 김동환 역, 《한국혼》, 범우사, 2009.

강영심 저, 《신규식 (시대를 앞서간 민족혁명의 선각자)》, 역사공간, 2010.

석원화 저, 《신규식, 민필호와 한중관계》, 나남, 2003.

신운용, 〈신규식의 민족운동과 대종교〉, 《국학연구》 23, 국학연구소, 2019.

유하, 우림걸, 〈중국망명시기 신규식의 중국인식〉, 《한국학연구》 43, 인하대학교 한국학연구소, 2016.

강영심, 〈申圭植의 생애와 독립운동〉, 《한국독립운동사연구》 1, 독립기념관 한국독립운동사연구소, 1987.

김희곤, 〈申圭植의 대한민국 임시정부 외교활동〉, 《중원문화연구》 13, 충북대학교 중원문화연구소, 2010.

우윤, 〈통일에 기여한 역사속의 인물10 : 세 번이나 죽음을 택한 신규식〉, 《통일한국》 202, 평화문제연구소, 2000.

이현희, 〈통일논단 : 한국 근대인물의 재발견 : 중국지역 독립투쟁의 기반조성 예관 신규식〉, 《통일한국》 47, 평화문제연구소, 1987.

◑ 독립운동가인가? 친일 승려인가?   이종욱 篇

박희승(연구인), 《지암 이종욱 (조계종의 산파)》, 조계종출판사, 2011.

정운현 저, 《친일파의 한국 현대사 (나라를 팔아먹고 독립운동가를 때려잡던 악질 매국노 44인 이야기)》, 인문서원, 2016.

박희승, 〈일제강점기 상해임시정부와 이종욱의 항일운동 연구〉, 《大覺思想》 5, 대각사상연구원, 2002.

이현희, 〈대한민국임시정부와 지암 이종욱〉, 《大覺思想》 10, 대각사상연구원, 2007.

김은지, 〈대한민국 임시정부 초기의 상해(上海)-국내(國內)간 교통·통신망〉, 《민족사상 제5권》 3, 한국민족사상학회, 2011.

한상길, 〈백범 김구와 불교〉, 《大覺思想》 18, 대각사상연구원, 2019.

☙ 임시정부의 수호자   이동녕 篇

오대록 저, 《이동녕 (대한민국임시정부의 정신적 지주)》, 역사공간, 2016.

이현희 저, 《대한민국 임시정부 주석 석오 이동녕과 백범 김구》, 동방도서, 2002.

독립운동가열전편찬위원회 저, 《독립운동가 열전 1》, 백산서당, 2005.

이현희 저 《대한민국임시정부 주석 이동녕과 그시대》, 동방도서, 2002.

황묘희, 〈석오 이동녕과 대한민국임시정부〉, 《민족사상》 1, 한국민족사상학회, 2010.

이현희, 〈석오(石吾) 이동녕의 독립운동과 임시정부의 정책방략〉, 《東洋學》 15, 단국대학교 동양학연구원, 1985.

이현희, 〈석오 이동녕의 애국사상과 활동〉, 《민족사상》 4, 한국민족사상학회, 2010.

2부. 임시정부, 독립운동을 전개하다

☙ 대한민국 하늘을 열다   노백린 篇

홍윤정 저, 《노백린(독립공군 육성에 헌신한 대한민국 임시정부 군무총장)》, 역사공간, 2018.

김원용 저, 《재미 한인 50년사》, 혜안, 2004.

한우성 장태한 저, 《1920, 대한민국 하늘을 열다》, 21세기북스, 2013.

우승규 저, 《나절로만필》, 탐구당, 1978.

한철호, 〈노백린 연구의 새로운 지평선 열기 : 노백린의 생애와 독립운동〉, 《한국독립운동사연구》 22, 독립기념관 한국독립운동사연구소, 2004.

홍윤정, 〈盧伯麟의 美國에서의 獨立運動(1916-1921)〉, 《白山學報》 70, 백산학회, 2004.

이현희, 〈盧伯麟 將軍의 國權恢復運動〉, 《忠北史學》 11-12, 忠北大學校 史學會, 2000.

李炫熙, 〈桂園 盧伯麟의 自主獨立思想研究〉, 《역사학논총》 1, 동선사학회, 2000.

홍윤정, 〈노백린의 서울에서의 항일투쟁〉, 《鄕土서울》 61, 서울특별시사편찬위원회, 2001.

홍선표, 〈대한민국 임시정부의 공군 건설 계획과 추진〉, 《군사》 97, 국방부 군사편찬연구소, 2015.

◐ 칼 대신 펜을 든 사회주의 독립운동가   조동호 篇

이현희 저, 《애국지사 조동호 평전 (애국지사)》, 솔과학, 2007.

이기형 저, 《몽양 여운형》, 실천문학사, 1984.

황묘희, 〈조동호의 민족독립운동과 시대정신〉, 《민족사상》 12, 한국민족사상학회, 2018.

황묘희, 〈신한청년당(新韓靑年黨)과 유정(榴亭) 조동호(趙東祜)〉, 《문명연지》 8, 한국문명학회, 2007.

김정의, 〈유정 조동호와 조선건국동맹〉, 《문명연지》 8, 한국문명학회, 2007.

◐ 대한민국 임시정부의 숨은 살림꾼   엄항섭 篇

엄항섭 저, 《김구선생혈투사》, 국학자료원, 1998.

김구 저, 엄항섭 역, 《도왜실기》, 범우사, 2002.

엄항섭 저, 《한국 삼일운동의 사적고찰》, 온이퍼브, 2020.

최병수, 〈대한민국 임시정부와 일파 엄항섭 지사(志士)〉, 《忠北史學》 10, 충북대학교 사학회, 1998.

김윤미, 〈일파 엄항섭의 독립운동과 대한민국 임시정부 활동〉, 《한국독립운동사연구》 75, 한국독립운동사연구소, 2021.

이명화, 〈연미당의 생애와 독립운동〉, 《역사와 담론》 73, 호서사학회, 2015.

이재호, 〈대한민국 임시정부의 호법정부와의 외교관계 검토〉, 《한국독립운동사연구》 52, 독립기념관 한국독립운동사연구소, 2015.

◐ 상하이 임시정부의 법적 소유자   김철 篇

오대록 저, 《김철 (영원한 대한민국임시정부의 요인)》, 역사공간, 2010.

독립운동가열전편찬위원회 저, 《독립운동가 열전 1》, 백산서당, 2005.

김자동 저, 《영원한 임시정부 소년 (김자동 회고록)》, 푸른역사, 2018.

안종철, 최정기 외 2명 저, 《근현대 형성과정의 재인식》, 중원문화, 2010.

노성태 저, 《남도의 기억을 걷다》, 살림터, 2012.

김현애, 〈스토리텔링 기법을 도입한 지역 역사기념관 전시 모형 연구 : 일강 김철 선생 기념관과 독립운동 역사관(상해임시정부청사)을 중심으로〉, 서울시립대학교 도시과학대학원, 2017.

이규수, 〈파리강화회의와 신한청년단의 활동 : 민족자결주의의 수용과 좌절〉, 《한국기독교문화연구》 14, 숭실대학교 한국기독교문화연구원, 2020.

愼鏞廈, 〈新韓靑年黨의 獨立運動〉, 《韓國學報》 12, 일지사, 1986.

金喜坤, 〈新韓靑年黨의 結成과 活動〉, 《한국민족운동사연구》 1, 한국민족운동사학회, 1986.

정병준, 〈1919년, 파리로 가는 김규식〉, 《한국독립운동사연구》 60, 독립기념관 한국독립운동사연구소, 2017.

3부. 한인애국단, 임시정부에 활력을 불어넣다

● 대한민국 임시정부 항일 외교의 수장　　　　　　　　　　　　　　박찬익 篇

남파박찬익전기간행위원회 저, 《南坡 朴贊翊 傳記》, 을유문화사, 2000.

이현희 저, 《임시정부의 숨겨진 뒷 이야기》, 학연문화사, 2000.

김희곤 저, 《임시정부 시기의 대한민국 연구》, 지식산업사, 2015.

성주현 저, 《일제하 민족운동 시선의 확대 (3.1운동과 항일독립운동가의 삶)》, 아라, 2014.

성주현, 〈남파 박찬익의 대한민국임시정부 활동〉, 《史學硏究》 97, 한국사학회, 2010.

김지훈, 〈이달의 인물 ; 독립운동가 박찬익(朴贊翊)선생 : 대한민국 임시정부 외교 제일선에 서다〉, 《통일한국》 308, 평화문제연구소, 2009

● 한중 군대를 넘나들며 일본과 싸우다　　　　　　　　　　　　　　김홍일 篇

윤상원, 한국독립운동사연구소 저, 《김홍일 (대륙에 용맹을 떨친 명장)》, 역사공간, 2015.

박경석 저, 《5성장군 김홍일(구국의 별)》, 서문당, 2020.

김홍일 저. 《대륙의 분노: 노병의 회상기》, 문조사, 1972.

김종문, 〈김홍일의 생애와 독립운동〉, 《한국 근현대사 연구》 68, 한국근현대사학회, 2014.

김지훈, 〈김홍일의 중국 국민혁명군 경험과 '국방개론' 저술〉, 《군사》 112, 국방부군사편찬연구소, 2019.

조은경, 〈한국광복군총사령부 간부의 회고를 통해 본 한국광복군 인식과 활동 : 조경한 · 채원개 · 김홍일을 중심으로〉, 《한국 근현대사 연구》 95, 한국근현대사학회, 2020.

한시준, 〈중국군으로 대일항전을 전개한 김홍일〉, 《사학지》 57, 단국사학회, 2018.

윤상원, 〈1920년대 전반기 김홍일의 항일무장투쟁〉, 《한국독립운동사연구》 47, 독립기념관 한국독립운동사연구소, 2014.

장화. 〈일제침략기 한국인의 중국 군관학교 교육과 그 의의〉, 《통일인문학》 54. 2014.

● 임시정부의 보이지 않는 버팀목　　　　　　　　　　　　　　　　정정화 篇

정정화 저, 《장강일기》, 학민사, 1998.

신명식 저, 《정정화 (대한민국 임시정부의 안살림꾼)》, 역사공간, 2010.

김희곤 저, 《대한민국 임시정부 연구》, 지식산업사, 2004.

정운현 저, 《조선의 딸, 총을 들다》, 인문서원, 2016.

정상규 저, 《잃어버린 영웅들 (청년들이여 깨어나라)》, 아틀리에BOOKS, 2018.

한시준, 〈정정화의 생애와 독립운동〉, 《史學志》 47, 단국사학회, 2013.

장영은, 〈임시정부의 밀사─정정화의 독립운동과 자기 서사〉, 《여성문학연구》 48, 한국여성문학학회, 2019.

김귀옥, 〈식민적 디아스포라와 저항하는 여성〉, 《통일인문학》 62, 건국대학교 인문학연구원, 2015.

김성은, 〈대한민국 임시정부와 여성들의 독립운동 ;1932~1945〉, 《역사와 경계》 68, 부산경남사학회, 2008.

윤정란, 〈일제 말기 한국광복군 여성대원들의 활동 양상〉, 《여성학논집》 23-1, 이화여대 한국여성
연구원, 2006.

윤정란, 〈독립운동가 가족구성원으로서 여성의 삶〉, 《한국문화연구》 14, 이화여대 한국문화연구원, 2008.

이준식, 〈대한민국임시정부와 여성 독립운동〉, 《한국민족운동사학연구》 61, 한국민족운동사학회, 2009.

◑ 미완에 그친 의열 투쟁의 주인공   백정기 篇

국민문화연구소 저, 《항일혁명가 구파 백정기 의사》, 국민문화연구소, 2004.

김명섭 저, 《한국 아나키스트들의 독립운동 (일본에서의 투쟁)》, 이학사회, 2008.

박찬승, 〈1933년 상해 '有吉明공사 암살미수 사건'의 전말〉, 《한국독립운동사연구》 60, 독립기념관
한국독립운동사연구소, 2017.

박종연, 〈일제시기 李康勳의 민족운동과 六三후의거〉, 《숭실사학》 32, 숭실사학회, 2014.

--- **4부. 한국광복군, 조국 독립의 마지막을 불태우다** ---

◑ 한국독립군 총사령관   지청천 篇

이현주 저, 《지청천 (한국광복군 총사령)》, 역사공간, 2019.

장세윤 저, 《1930년대 만주지역 항일무장투쟁》, 독립기념관 한국독립운동사연구소, 2009.

지헌모 저, 《청천장군의 혁명투쟁사》, 삼성출판사, 1949.

지복영 저, 《역사의 수레를 끌고 밀며 (현대의지성 87)》, 문학과지성사, 1995.

지복영 저, 《민들레의 비상 (여성 한국광복군 지복영 회고록)》, 민연, 2015.

한시준 저, 《황학수 - 대한 제국군에서 한국광복군까지》, 역사공간, 2006.

농경채, 〈일본 육사 출신의 광복군 총사령 지청천〉, 《내일을 여는 역사》 1, 내일을여는역사재단, 2004.

박민영, 〈독립군과 한국광복군의 항일무장투쟁〉, 《東洋學》 47, 단국대학교 동양학연구원, 2010.

이기동, 〈이청천-일본육사 출신의 항일 무장투쟁 지도자〉, 《한국사 시민강좌》 47, 일조각, 2010.

장세윤, 〈한국 독립당의 항일 무장 투쟁 연구〉, 《한국 독립운동사 연구》 3, 독립기념관 한국 독립운동
사 연구소, 1989

한시준, 〈이청천과 한국광복군〉, 《한국 근현대사 연구》 56, 한국근현대사학회, 2011.

황민호, 〈백산 지청천의 만주지역에서의 항일무장투쟁〉, 《군사연구》 138, 육군군사연구소, 2014.

황민호, 〈재만 한국 독립군의 성립과 항일 무장 투쟁의 전개〉, 《사학 연구》 114, 한국 사학회, 2014.

◑ 학병 탈출 1호 한국광복군   한성수 篇

김희곤 저, 《임시정부 시기의 대한민국 연구》, 지식산업사, 2015.

이오장 저, 《이게 나라냐 (독립지사 101위, 지하에서 울리는 소리)》, 스타북스, 2019.

조건, 〈일제 말기 한인 학병들의 중국지역 일본군 부대 탈출과 항일 투쟁〉, 《한국독립운동사연구》, 독립기념관 한국독립운동사연구소, 2016.

손염홍, 〈일제 말기 탈출 한인 청년에 대한 중국 군사당국의 인식과 정책 : 한국광복군 입대 사례를 중심으로〉, 《한국 근현대사 연구》 98, 한국근현대사학회, 2021.

전경수, 최미희, 〈일제의 창씨개명 정책 실시와 조선민중의 은항책〉, 《근대서지》 16, 근대서지학회, 2017.

황선익, 〈한국광복군의 병력 증강과 편제 개편〉, 《한국독립운동사연구》, 《한국 근현대사 연구》 95, 한국근현대사학회, 2020.

◔ 한국광복군의 맏언니 　　　　　　　　　　　　　　　　　　　　　　오광심 篇

김일옥 저, 《나는 여성 독립운동가입니다》, 맥스교육, 2019.

이윤옥 저, 《여성독립운동가 300인 인물사전》, 얼레빗, 2018.

3.1 여성동지회 저, 《한국여성독립운동가》, 국학자료원, 2018.

정운현 저, 《조선의 딸, 총을 들다》, 인문서원, 2016.

이성숙 저, 《여성항일운동과 페미니즘》, WHISRI(여성사연구소), 2020.

통일한국, 〈5월의 독립운동가 오광심 선생 : 중국 대륙 누빈 여성 광복군〉, 《통일한국》 317, 편집부 평화문제연구소, 2010.

김성은, 〈대한민국 임시정부와 여성들의 독립운동 ;1932~1945〉, 《역사와 경계》 68, 부산경남사학회, 2008.

윤정란, 〈일제 말기 한국광복군 여성대원들의 활동 양상〉, 《여성학논집》 23-1, 이화여대 한국여성연구원, 2006.

윤정란, 〈독립운동가 가족구성원으로서 여성의 삶〉, 《한국문화연구》 14, 이화여대 한국문화연구원, 2008.

이준식, 〈대한민국임시정부와 여성 독립운동〉, 《한국민족운동사학연구》 61, 한국민족운동사학회, 2009.

◔ 학구열에 불탄 미국 영감 군사 전문가 　　　　　　　　　　　　　　이복원 篇

강만길 저, 《증보 조선민족혁명당과 통일전선》, 역사비평사, 2003.

김영범 저, 《한국근대민족운동과 의열단》, 창작과비평사, 1997.

최기영 저, 《중국관내 한국독립운동가의 삶과 투쟁》, 일조각, 2015.

최병현 저, 《강변에 앉아 울었노라 : 뉴욕한인교회 70년사》, 깊은샘, 1992.

한상도 저, 《한국독립운동과 중국군관학교》, 문학과지성사, 1994.

최기영, 〈李復源의 유학과 재중독립운동〉, 《한국독립운동사연구》 42, 독립기념관 한국독립운동연구소, 2012.

나는 대한민국 파수꾼입니다

초판 1쇄 발행 2022년 5월 30일

지은이 은동진

기획편집 도은주, 류정화
SNS 홍보·마케팅 초록도비

펴낸이 윤주용
펴낸곳 초록비책공방

출판등록 2013년 4월 25일 제2013-000130
주소 서울시 마포구 월드컵북로 402 KGIT 센터 921A호
전화 0505-566-5522 팩스 02-6008-1777

메일 greenrainbooks@naver.com
인스타 @greenrainbooks
블로그 http://blog.naver.com/greenrainbooks
페이스북 http://www.facebook.com/greenrainbook

ISBN 979-11-91266-41-2 (03910)

어려운 것은 쉽게 쉬운 것은 깊게 깊은 것은 유쾌하게

초록비책공방은 여러분의 소중한 의견을 기다리고 있습니다.
원고 투고, 오탈자 제보, 제휴 제안은 greenrainbooks@naver.com으로 보내주세요.